U0947922

杨小钟 著

还行

重塑企业行政管理新生代

中国财富出版社

图书在版编目（CIP）数据

还行：重塑企业行政管理新生代 / 杨小钟著．—北京：中国财富出版社，2016.8

ISBN 978－7－5047－6223－8

Ⅰ.①还…　Ⅱ.①杨…　Ⅲ.①企业管理—行政管理　Ⅳ.①F272.9

中国版本图书馆 CIP 数据核字（2016）第 177533 号

策划编辑　丰　虹　　**责任编辑**　单元花
责任印制　方朋远　　**责任校对**　梁　凡　张营营　　**责任发行**　邢有涛

出版发行　中国财富出版社
社　　址　北京市丰台区南四环西路 188 号 5 区 20 楼　　**邮政编码**　100070
电　　话　010－52227568（发行部）　010－52227588 转 307（总编室）
　　　　　　010－68589540（读者服务部）　010－52227588 转 305（质检部）
网　　址　http://www.cfpress.com.cn
经　　销　新华书店
印　　刷　北京京都六环印刷厂
书　　号　ISBN 978－7－5047－6223－8/F·2633
开　　本　710mm×1000mm　1/16　　**版　　次**　2016 年 8 月第 1 版
印　　张　13.5　　**印　　次**　2016 年 8 月第 1 次印刷
字　　数　167 千字　　**定　　价**　35.00 元

序

未忘初心，愿得始终
——开启企业行政管理新生代

“理论是行动的先导。”致敬我在复旦管理学硕士的求学之路，更致敬这样一句话让我能够在企业行政管理这个领域坚持不懈，略有沉淀。

创作本书是我自2011年就有的想法，就好比照片像素一样，直到2015年年底在各位友人的支持下这幅“画作”的像素才终于清晰起来。感谢在此期间支持我的所有好朋友们，特别感谢为此书做推荐的袁岳、王伟杰、黄志尧、盛晓洁、李菁、罗军、傅永康、吴彦俊等。大家的倾情推荐，让我信心倍增。

本书描绘了四种状态：坚持不懈做行政管理；依旧在行政管理行业中奋斗；重新给予行政管理新的定义和概念；让行政管理重归一门技术、一个行业。100分太满，60分丢人，80分刚刚好，我希望自己的状态就犹如自己出生的年代一样，80后，吾即心满意足。

总之，此书小众。纵观管理、咨询、培训等领域，写名利的书比较主流，写战略及运营的书也不乏其数，写市场营销、品牌建设的书更是星罗棋布；但是，写企业行政管理的书还真是屈指可数，即便是有，也是比较直接干脆地写具体应用表格模板等。而我却选择了写这样一本梳理行政管理意识的书，不是为了“自虐”，而是看见了企业对于行政管理的曲解和漠视让人心寒；看见了还有这么多迷茫在行政管理领域的职业经理人让人悲悯；看见了如此直接影响企业价值及个人职涯提升的专业职能被不断边缘化让人着急；看见了一些企业和职业经理人的一份期待。总要有人出来讲一讲到底什么是真正的企业行政管理吧，先抛我这个“专家”出来。

全书用五部分十八章的内容，在管理意识、职业经理人的核心素养、管理经验、资源整合的意识中逐一展开，诠释了行政管理中“政务、事务、服务”之间的发展阶段、管理特点、完整的内容层次关系，也强调了行政管理职能的模块化意义，分析了行政管理的价值，分享了行政管理的盲区及经验。最重要的是，转变了行政管理的格局、意识、心态。我个人认为，自我进步的精力投入应该围绕着“资源共享+技术创新+理念意识”来展开。要么，能够在理念意识上进行改变；要么，能够在技术经验及创新上有所分享；要么，能够提供我们所需求的资源。本书中均有涉猎，层次深浅不一，我本人在分享交流的过程中一直坚守着这样一个比较务实的准则，这也许是大家愿意倾听的一个重要原因吧。

书写好后已经快一年了，每次咨询或授课后都会有新的知识和理念融入其中，但却发现这是一个人生的“戴明环”（PDCA），复兮旦兮、生生不息。后在领路创始人盛晓洁学姐的强烈建议下，在好友们的高频次的催促下，我毅然决定先截稿出版，以后期的培训、授课、分享、再版等来弥补书中未能“与时俱进”的遗憾。

最后，衷心希望本小众书能够为企业及从事行政工作的职业经理人提供思路和共鸣，我亦满足。

杨小钟
2016 年初夏

目　录

第一部分　意识先行

第二部分 核心素质的培养与升级

第五部分　结网

第一部分

意识先行

改变思维方式

工作

就会实现

180度大转变

理论是实践的先导，实践是理论的证明。其实，自从有人类群居生活开始就有了政治。而有行政的概念，产生专业的行政学理论，已有近150年的历史。

行政之“行”是指不折不扣地执行，“政”则可以理解为政治，即组织的最高意志，行政也就是执行组织的最高意志。对于国家来说，行政指的是执政者通过一系列计划和行动施行和推行国家意志；对于企业来说，行政是指企业依靠各级组织机构来贯彻自身经营主张（亦称企业战略）。

企业的行政管理十分重要，但在实践中，对于许多企业而言，则往往被轻视。或许正因为行政管理在企业中无处不在，“熟视”导致“无睹”。企业更关注的是直接效益，关心的是销售业绩。而事实上，企业的核心经营价值是要靠管理来实现的，企业要提高整体运营效率，根本在于行政管理。这也就解释了为什么很多企业靠管理才不断精进，促成了基业常青；而有的企业反其道而行之，发展受限甚至夭折。可以说，行政管理就是企业不可或缺的关键的价值产出所在，是企业战略落地的保障机构。行政设置不合理，行政管理疲沓涣散，企业管理的中后端问题就会层出不穷，业绩也就不可能提高。之所以讲意识先行，一是企业需要重视行政管理工作，把行政管理提到全公司重点关键事项中；二是指强化行政管理工作的途径，首先要树立正确的行政观念，尤其企业管理层应该把行政管理作为增效赢利的核心动力源来看待。

第一章　“行政部”是何方神圣

“学而不思则罔，思而不学则殆。”要想做好一件事情，知其所以然是极其必要的。中国人愿意咬文嚼字，以下来看看行政的出处和来源，以及具体含义。

对于国家而言，除了立法、司法等机关之外的都是行政职能部门。对于企业而言，麻雀虽小五脏俱全，无所谓司法机关，所以几乎所有的部门都可以称为行政部门。

企业就像金字塔，金字塔基础部分是基层普通员工，塔尖是董事会或最高决策机构。对于小企业而言，塔尖即公司老板。不管分工是什么，只要是公司的职能部门，都可以看作是公司的行政管理，一方面需要落实上级的工作部署，另一方面又要依据上级要求，做好本部门和下属的行政管理工作。在企业的行政管理中，基层普通员工是真正的行政管理的“受力者”，企业中层衔接着上级和下级，在公司行政管理中发挥着重要作用。公司的行政管理的“发力者”是公司的顶层，直接的总体管控者是行政管理部门，有的企业专门设置有行政部、办公室、总裁办，甚至为了强调“政务”（战略事务管理）专门成立了企划部、运营管理部等，协调全公司的行政管理工作。总而言之，企业的行政管理需要全员参与，从过去的领导点头的“人治”（服务型）阶段，到推行制度的“法治”（事务型）阶段，再到最终的企业文化“心治”（政务型）阶段，三个层面各有特点、有要求、有标准。企业的组织能力建设才是企业的真正实力，这不仅需要管理体系的科学丰富和不断完善，更需要营造良好的企业文化，启发员工的工作愿力，塑造企业员工价值观，让“心治”驱动企业经营管理模式升华。

企业行政管理的两个主题和四大模块

行政管理的概念有大小之分，大到国家政权对于本国事务的管理，小到企事业单位对于内部事务的管理，都是行政管理。“行政管理”的概念并不神秘，其实就是“对行政进行管理”，管理也就是管控和梳理，是通过一定的组织系统落实主体意志的过程。对于国家而言，行政管理所涵盖的范围相当广泛，经济、文化、教育、环境等都属于重要环节；对于企业而言，行政管理也涵盖了企业经营管理的各个职能和环节。企业行政管理所依据的是现代科学的企业管理理念，通过管理工具及技术，使得企业实现最高效的资源配置，最大限度增强产品的市场竞争力。由此可以看出，行政管理其实是企业管理的一个有机组成部分，是实现企业战略和战术目标的有效手段。或者可以认为，行政管理是对企业管理的另外一个角度的解读和阐释，企业管理的本质就是行政管理。

1. 企业行政管理的两大主题

（1）科学

科学是对客观事实的本质揭示，行政管理要顺应现实，符合实情，不能凭主观臆想和个人判断做出决定。不论是管理程序，还是工作方法，都要追求行云流水般的效果，就像公司产品的“孵化”过程那样，使行政管理在科学基础上有计划、有步骤地推进。尤其是当今已经有了系统科学的行为科学，行政管理不但要符合商业运营规则，还要注重激发员工内在的积极因素，使企业行政管理符合社会学和心理学。

（2）创新

创新则是行政管理的灵魂，是行政管理的生命力。任何事物都是立体的和多角度的，行政管理也是如此，条条大路通罗马，一要搞清楚最终目的是什么，二要搞清楚如何克服不利障碍到达终点的办法和准备。由于每个企业的经营行业不同，规模不一样，所处环境迥然，管理者和员工的特点不一样，行政管理也就存在差异性。企业在学习别的企业经验过程中，只能借鉴，而不可以照抄照搬，成功是无法复制的，一味盲目地不加思考、不加选择地复制，很可能会水土不服，适得其反。

2. 企业行政管理的四大模块

（1）运筹策划

企业的行政部是行政管理的 CPU（中央处理器），负责行政管理的通盘管控。首先，对于行政管理的运筹和策划是职能之一。运筹策划也可以称为企业行政决策，主要包括制订行政计划、传达各项具体的行政指令、对行政执行过程进行具体的安排等。决策是行政管理的基础，行政决策必须正确。好的开始是成功的一半，否则失之毫厘谬以千里。

（2）组织实施

路线确定之后，执行力就成为关键。如何把已经确定好了的行政管理方案有效地付诸实践，是企业行政管理的第二大模块。组织过程的内容包括机构重置、人员调整、时序安排等，尤其注重人员调配和管理，因为企业的任何活动都离不开人，人是执行的最终单元，也是执行力的最终体现，要做好人力调配和人才选拔，通过组织培训和绩效考核等手段，对人力资源进行有效管理。

（3）协调工作

协调决定效率，企业上下要下一盘棋，既有明确分工，又有顺畅的沟通协商渠道，不推诿不扯皮。行政管理工作要为生产经营等业务服务，不能为行政而行政，要紧紧盯着生产经营效率调整部门与部门之间的关系，协调员工之间的关系状态，统筹安排项目与项目的轻重缓急和先后次序。通过协调，实现密切配合和步调一致的目的。

（4）监督管控

给企业的各项行政管理拴上一条“缰绳”，以便进行及时有效的监督、管理和控制。建立畅通有效的行政信息收集系统，随时了解各种信息，对于人事、财务和项目进展等进行全面掌握和分析，遂行行政监督职能。

行政管理的本质——持家

行政管理的本质就是持家，持家就离不了柴米油盐的琐事。尤其对于企业专门负责行政管理的部门和人员来说，从一开始就要有琐事缠身的思想准备，否则，工作会不顺利，产生抱怨。除了做好心理准备外，还需要有一定的管理工具和手段，例如，搞清楚持家的本质是对事情的管理，事情的管理靠两种行之有效的方式进行，一是用麦肯锡的思考原则进行业务分类，各类给予定性、定量、定制等；二是利用项目管理的手段进行管理，让所有的事情都有闭环。这里常用的管理工具有PDCA、SWOT（态势分析法）、5W2H（七何分析法）、MECE（相互独立，完全穷尽）、SMART（目标管理）、4D（必须做、稍后做、授权做、不做）时间管理等。

行政管理部门需要面对的问题很多，诸如：高层领导不懂得良好管理，甚至有严重的官僚作风，为此，行政部门要自觉积极行动，以文件形式拟定公司各部门职责，其中包括行政部门在公司的定位，“帮助”领导明确公司高层对于行政工作的方向等；人都是有个性的，领导的风格也不尽相同，有的公司领导喜欢盯着芝麻小事，给这样的领导当差，就避免不了常常挨批评，这种时候要有良好的心理承受力，尽力而为即可，不要过于在意领导的不满和指责，心中要明白，企业的行政工作不可能万无一失；有的领导很会做老好人，把得罪人的事情推给行政部门，使行政部门成为替罪羊，领导不出面不表态不推动，有的工作很难落实，执行难度很大，这时候该怎么办？

保持“持家”心理，不失为解开心结的良策。做行政工作需要调整好心态，放下身段。所有企业的核心是赢利，所有工作都围绕产品研发和营销而开展，行政部门说到底是一个服务部门，为研发服务，为销售服务。尤其在中小企业，行政人员无疑就是献身于琐事的“管家婆”，甚至连老板的私事也需要出力出点子。看透了职务的本质，思想疙瘩也就解开了，也就不会边干边抱怨了。

从事行政工作，不要消极等待老板的指示，而要积极行动，争取老板的支持，这就需要多动脑筋，有一点儿心机和工作技巧。协调和沟通是行政工作的职能之一，这其中就包括与老板的协调和沟通，老板不喜欢事事被动，而喜欢经常能给自己提建议出点子的行政工作人员。为此，行政人员不要总是问老板“怎么办”，而是要说“我这个方案怎么样”，不要经常给老板提问题，而要提供解决问题的办法。

企业行政管理的本质是持家，反过来说，持家的本质则是管理。管理是持家的手段，只有通过管理，才能有效实践行政管理的职能，只有管理才能建立企业运营的秩序。企业行政工作是企业有序运营的核心部门，企业持家者主要是通过规章制度来实现自己的目的。对于众多的企业尤其是中小企业，持家者的类型很多，有凭借经验的实战派，也有遵守现代企业管理理论的规范派，小企业持家者大多是经验派。

公司的行政管理其中一项重要职能就是营造良好的工作环境，维持正常的办公环境及秩序，保证公司各项工作顺利进行。要想使行政管理更加规范化，必须由“人治”的随意性变为“法制”的规则性，按照 MECE 的分解原则对行政业务板块进行分类，制定公司的行政管理规章制度，要求全体员工严格遵照执行。

行政人员——甘当幕后英雄的角色

公司价值最大化，说得直接一点就是赢利是所有企业的目标。行政人员是为企业的价值目标任务服务的，如果把企业运营当作一场戏剧的话，那么行政人员则是幕后人员，提供剧目的幕后工作，如后勤保证和维持戏剧上演过程中的各种保障性工作，如拉幕、灯光、摄像、音响、道具……企业的行政人员要树立在工作过程中把自己摆到合适位置的职业意识，这样才能心情舒畅、目标明确、行事恰当、态度中肯，就不会拿自己的职位权力当作什么资本了。

具体而言，幕后角色的工作有以下一些特点。

1. 工作繁杂

繁就是工作头绪多，杂就是大事小事都需要管理。

企业行政人员每天所面对的工作都是些琐碎且不起眼的工作。营销人员的工作成绩可以用为企业创造的营销量来衡量，而行政人员忙来忙去，则看不到有什么“成绩”。所以，行政人员要有老黄牛精神，甘于默默无闻地工作。

2. 工作虽然繁杂，但也有鲜明的特征

企业行政好比一棵大树，其工作就相当于大树的枝枝叶叶。不过这

棵树有三个主干——服务性、协调性和管理性。服务是职能的根本，协调是行政工作的核心，管理是企业行政工作的支柱。要想做好企业的行政工作，就要在这三个方面下功夫。

3. 企业行政人员要成为企业领导的参谋和助手

企业行政人员对工作思考的高度要上“档次”，不能满足于日常事务，还要在用人谋事、文化建设、理念策略等方面具有自己独到的见解，为企业领导提供思路，多出点子。企业领导需要的是有思考力的行政人员，而不是“传声筒”。为领导提供更多更大的“需求”，才能塑造自己的存在价值。也就是说，企业行政人员并非事务主义者，而要成为积极思考者，既是执行力极强的战术家，又是独具眼光的企业战略家。有思想、有冲劲、有新意的企业行政人员是任何企业领导都赏识的，只有成为“智囊型”才是最好的行政人员。

4. 善于协调是企业行政人员的重要素质

企业行政人员要协调各方面的关系，包括部门与部门、领导与下属、员工与员工等。良好的协调有一个前提，即有效沟通。把沟通作为协调的基础，建立在有效沟通基础之上的协调才是最积极的协调，才可以以利引导群体行为，但要以理服人，绝对不能以力压人，要做好各方面的心理工作。

5. 服务性是企业行政的鲜明特征

企业行政管理永远不可能成为企业的“中心”工作，服务于企业的研发和销售是行政工作的终极目的。假如一个企业的行政部门成为“中心”，那么这个企业就很危险。好的企业行政工作应该是“润物细无声”，企业行政人员不能试图显示自己，与其他部门争功劳抢荣耀。行政部门不是企业的“官府衙门”，有的行政人员认为自己在一定程度上掌控着公司资源，就显得高人一头，也就形成了人们常说的“门难进、脸难看、事难办”的不良习气，最终有害于自己，也有害于公司。当然，服务性工作也不是唯唯诺诺，而需要坚持公司既定的原则，但坚持原则需要有人情味。

行政管理人员应该具备的八大意识

要想成为一名优秀的企业行政人员，需要树立“八大意识”。

1. 行政意识——企业行政管理人员最基本素质

行政意识是对行政工作的认识程度，包括行政工作自身的特点以及行政工作的要求等，是行政人员应具备的最基本素质。例如，企业行政管理人员要有保密意识，没有形成决议的事情不乱讲；决策前可以争论，一旦形成决议，要和领导保持高度一致；不该做的事不做，不该说的话不说等。

2. 岗位意识——企业行政管理人员的基本要求

岗位意识就是履行行政职能的自觉性，是行政管理人员的基本素质。坚守工作岗位，不唱“空城计”，认真履行岗位职责，保质保量完成岗位任务。落实首要接待制度，不推诿、不扯皮，属于职责范围内的事能立即解决的就立即解决，不能立即解决的耐心说明理由。不属于本职范围的事，要主动联系相关人员协调解决，并要督办，对过程和结果进行跟进，树立企业行政管理人员的良好形象。

3. 角色意识——企业行政管理人员的必备条件

角色意识就是对本人在企业的地位、作用、职责有清醒认识，对自己的特长与缺点有明确意识，是行政工作应遵循的基本原则。履行好本职职责，创造性地完成工作任务。按企业层级管理要求，到位但不越位，避免引起误会和纠葛，挫伤员工的积极性，造成管理工作的混乱。体现企业行政管理人员的良好品质，推动企业工作协调发展。

4. 大局意识——企业行政管理人员的道德准则

大局意识就是要以企业利益为重，看待和处理问题。贯彻下级服从上级、个人服从团队、少数服从多数、局部服从全局的基本原则，以大局为重，淡泊名利，抛弃自我，乐于奉献。从企业大局出发，考虑企业发展的工作重心。企业行政管理工作量大而且繁杂，收入或许不如营销人员，而且处于夹层，常常出现两头不讨好的窘境。但要有为了企业牺牲小我的思想境界，认真对待每一项工作，做企业发展的默默耕耘者。

5. 服务意识——企业行政管理人员的根本宗旨

行政管理人员要有大服务观念，服务于企业发展，服务于部门和全体员工的需求。树立正确的权位观，把管理作为为企业服务的途径和方法，走到最基层的员工中去，了解他们的所思所想。把工作当事业，把服务当享受，发挥自我效能，做企业发展的奠基石。

6. 责任意识——企业行政管理人员的内在条件

责任意识就是负责意识，是更高层次的意识。有认真负责的精神，有负责到底的觉悟，有不到长城非好汉的拼劲，使出十分力气做事情。敬业爱岗，对自己分管的工作尽职尽责，追求极致，不差分毫。有了偏差和失误时，要勇于承担责任，并及时做好补救工作。对工作中存在的问题，要认真反思。

7. 质量意识——企业行政管理人员工作的最终归宿

质量意识是在平时工作中重视调查研究，对自身工作质量的高要求，保质保量，精益求精，不拖泥带水，不留漏洞。反复推敲，思考工作策略，选用最佳手段，仔细设计每一个环节的工作。做产品质量的推动者，关注企业文化建设，关注员工思想动态，为高层决策提供第一手资料。

8. 创新意识——企业行政管理人员的努力方向

创新是行政工作质量的驱动力，只有开拓创新，才能不断进取。企业行政管理人员是企业决策的参与者、推动者和执行者，对企业发展起着重要作用。墨守成规无异于坐以待毙，只有不断创新，才能使企业顺应时代特点和市场要求，使企业发展驶入快车道。积极学习创新理论，开阔视野，求突破，求改变，不断提高自身素质。

新型行政的四大职能

企业的行政工作固然有其特定的规则，但总体上来讲则需要与时俱进。企业行业类型、地域特点、经济环境、企业所处发展阶段等不同，行政管理的思路和手段也会有所区别。当经济发展到如今“互联网+”的信息时代，企业的行政管理也要实现信息化，也要实现“互联网+企业行政管理”。新时期的企业行政管理除了固有的职能，还需要具有以下四大新型职能。

1. 现代企业行政人员要成为业务专家

信息时代的企业行政管理人员不一定是业务能手，但必须要成为内行，要精通本企业的业务性质、技术特点、产品特征、运营流程等。假如是外行，那么由外行给内行制定的行政管理规则肯定会有诸多问题，容易犯想当然的主观性错误。例如，有一位具有国家一级资质的公司老总，他要求全公司两三百名各级管理者必须遵守一个规则，即要求部属做的工作，必须自己先亲自做一遍。在亲自做的过程中，才能发现真实的特点，才不会犯指手画脚、胡乱指挥的错误。就这么一个看似没有任何特别的要求，却给企业带来巨大效益，使得企业的行政管理实现了真正的接地效应，使管理者的要求能够实事求是，进而密切了管理者与被管理者的关系，激发了一线员工的工作积极性和主动性。

企业的行政人员是企业中最需要具备“T型知识结构”的人，既要具备本行业技术知识的深度，又需要具备涉及管理学、营销学、心理学、沟通技术、组织设计、市场学、懂财务等范畴方方面面的知识。有的人误以为业务技术不行的人就去做行政，或者认为什么样的人都可以做行政，其实这都是于企业非常有害的观念，其根源是轻视企业的行政管理工作。那些有大作为的企业，都是十分重视企业行政管理的企业。例如，华为能够从零起步发展到如今的超大型跨国企业，得益于优秀的企业行政管理，《华为基本法》即是例证。

2. 现代企业行政部门要成为企业的资源引擎

企业的各种资源是企业发展的生命线，尤其是人力资源被公认为企业发展的核心。行政管理不但要能留住人才，还要栽好梧桐树，招引金凤凰。企业的各种装具也需要进行科学精心的管理，以节省开支，降低生产成本。企业的内外环境也属于隐形的资源，这种资源也需要经营和维护。尤其是企业品牌以及产品品牌更是现代企业生存的根本，行政人员在其中的角色也十分重要，在组织协调品牌宣传的过程中起着重要作用。现代企业行政管理不仅仅是起草规章制度、组织各类活动和会议、发放和管理办公用品、筹办企业杂志等，而要成为企业资源的发动机、维护者和发掘者。

3. 数据管控成为新的工作任务

传统企业的数据所指的范围很有限，无外乎以下内容：各类档案、财务数据、销售报表等。当时代发展到大数据时代，从研发到营销终端控制等，都实现了数据化管理。大数据时代的“数据”概念被无线扩展，各类商业信息都以数据的形式存在，而数据对于企业的战略决策以及其他一切生产活动发挥着越来越重要的作用，对于数据的收集、分析和应用也随之越来越重要。一些大型企业开始有专门的机构管理和处理信息，但从目前看，绝大多数企业尤其是中小型企业，数据的管理仍然由企业的行政人员负责。企业在从“模拟化管理”向“数据化管理”的过渡期，行政管理人员便多了一个职能——数据管控。

4. 企业的行政机构成为事实上的信息共享中心

企业的行政机构成为事实上的信息共享中心，这是由行政管理的工作性质所决定的。随着大数据时代的到来，企业越来越重视各类情报数据的收集、分析和利用，在企业各类数据的流转中，行政管理部门成为数据汇集点。建立内部开放式、高效率的信息共享中心，便成为企业行政管理部门必须要践行的职责，并且责无旁贷。对于现代企业而言，企业信息在各部门共享的效率如何，直接反映行政管理的工作效能，也成为考核行政部门的指标。

第二章　从问题意识开始

盯着问题抓企业的行政管理是一种思路，是一种工作方法。发现问题，分析问题，找到办法解决问题，行政管理就会借此而改进，问题越来越少，企业行政管理也随之越来越完善。

为什么行政在企业都很弱势

在公司里，财务部、研发部、销售部等部门都属于“实力”部门，相比较而言，行政部门似乎比较“虚”，因而在一些公司，行政部门和行政人员常常遭受到“实力”部门的“欺负”。这样的现象是不正常的，说明公司内部管理没有理顺，没有形成合力，行政部门没有发挥应有的作用和功能，缺乏应有的威信力。那么，行政部门如何做，才能提高自身的“地位”呢？

1. 争取公司主要领导的支持

行政部门受挤压，原因是多方面的，其中，与得不到企业高层领导的重视和支持有很大关系。行政部门不要被动等待领导的支持，而要主动行动，发挥承上启下的衔接力，让领导感受到行政部门的作用，进而重视并大力支持。从这个角度讲，是因为行政部门主管力量薄弱，才使得行政部门整体走弱。

大型企业中，行政部门与财务部门的作用相当，都比较受到重视，但在中小企业，老板重视的是营销和产品的生产，轻视行政管理。这就需要行政人员首先“教育”老板，让老板懂得行政管理的重要性。公司赢利固然一靠产品二靠销售，但产品的研发和生产过程以及营销的人力和布局等都需要行政部门的参与，提供人力资源部、战略规划以及后勤保障等。其次，要让老板知道，他自己正是公司最大的行政人员，行政绝对不是打杂，没有行政，公司就缺少黏合力，就会处于散架状态。

领导不支持，行政部门的工作就很难开展。企业的行政部门是政策的发布者、执行者和监督者，每一项政策总会触及一些部门一些人的利益，因而很容易得罪人，久而久之，对行政部门的抵触情绪就会越积越多，工作的阻力也就越来越大。只有公司领导大力支持，才能冲破这些阻力，否则行政就会越来越弱。

2. 提高行政人员素质，发挥好行政部门的功能

在许多人眼里，尤其是研发技术等人员眼里，行政部门就是搞后勤的，没有真本事的人才会去做后勤，类似这样的偏见致使人们戴着有色眼镜看企业的行政人员。要消除这种偏见，有两个途径，其一是行政部门要力推有说服力的行政举措，使人们看到行政部门在公司的重要功能；二是行政人员要提高素质，以能力服人，使公司上下心服口服。

3. 对企业行政工作做出准确定位

现代企业行政管理应该是服务型的工作，这一定位不能动摇，否则会影响企业发展的根基。对于企业而言，最重要的是产品研发、市场营销、品牌管理等，行政管理应该为这些模块提供服务。定位准确了，就不会争功劳，就不会产生失衡和抱怨心理。行政部门要有奉献精神，甘做公司的阶下石，为公司发展提供协调和保障。

准确定位之后，才能找到最适合的自信点，才能确立适当的自尊心，才能把自强建立在公司整体利益的基础之上，而不是盲目的攀比。

4. 企业行政工作需要创新

有个企业行政部门策划了一次相当成功的活动：每年的情人节，公司都会给员工发放礼物，但效果都不怎么好，钱花了但得不到应有的活动收益。行政部门对此进行了分析后，决定在新的一个情人节给每位女员工赠送一朵玫瑰花和一盒巧克力（费用是30元），并且请公司领导出面送给每位员工一个热情的拥抱，没想到这样的活动得到了良好的反响。

“老一套”容易使人们审美疲劳，不断出新常常会收到意想不到的效果。当你的工作越来越受到欢迎的时候，越来越被领导和员工赞赏的时候，你也就改变了自己的形象。

有一家水店，他们在店里装了一个电脑系统与电话相连，顾客打电话的时候电话号码就会被自动记录下来。打电话时电脑系统会自动显示客户资料，当客户再次打来电话时，店员就会直接叫出客户的姓名，让客户倍感惊讶。这个系统还会将相关的记录一并显示出来，店里的任何一名员工在接电话时都如老友一样，让客户感到亲切。

上述例子都证明了行政管理创新的意义和价值。

为什么很多人都说行政人员态度恶劣

态度恶劣除了与行政人员的素质有关、与公司的企业文化以及企业制度等有关外，还有一个至关重要的原因，那就是对企业行政人员固有的偏见。经过长时间的发展，现在的中国企业的理念和制度都发生了根本性改变，国有企业时代的企业积弊已经得到了根除，行政部门的服务意识大都很强，工作态度都比较好。但也有一些企业的行政部门仍然感觉“大权在握”，说话办事态度不好，这样的企业会损伤员工的工作积极性，企业利益迟早会因此受到损害。

企业像人一样，也有内在的“免疫系统”。企业的肌体出现病变的时候，同时会产生革除病变的免疫细胞。由于行政人员的工作态度恶劣，会影响其他部门的工作积极性，最终会反映在企业的整体营销业绩上。这时候，企业管理者会思考其中的原因，同时也会了解企业员工的情绪，一旦发现根源在行政部门，那么管理者会调整相关人员，改进企业行政制度。

有的时候，行政人员态度不好也有可能是“反作用力”使然。在许多人的眼里，行政人员是打杂的，没有能力，公司技术人员、营销人员、财务人员等多多少少会轻视行政，轻视行政人员。行政人员也是人，也有情绪，当他们遭遇到蔑视的时候，就会产生消极情绪。所以说，企业要有良好的企业文化，上下要齐心协力、团结一致、平等待人。企业行政工作十分重要，假设没有行政部门的辛勤工作，你就会发现一大堆问题会随之而来：快递没人签收、停电没人及时检修、卫生间不卫生、暖气不热无人管、垃圾篓里垃圾都堆成小山、打印机坏了没人维修……

事实上，现在的企业内部，弱势的一方恰恰是行政部门和行政人员。常说敬人者人必敬之，其他人员尊重行政人员，行政人员也就不会产生消极情绪，就不会影响到工作态度。比如，快过春节了，行政部门给每个人发了放假安排的短信，但是仍然有很多人问放假的事情，行政部的人当然心里觉得不爽。

行政部门容易得罪人，因为他们要替代公司处理一些违规行为，这样一来就会引起一些人的非议和反感，认为他们不近人情。尤其当团队出现某些问题的时候，行政部门必须要“选边站队”，就不可避免会让一部分人不满意。在企业文化不良的企业，办公室政治横行其道，人员之间钩心斗角，团团伙伙现象盛行，那么行政部门的工作就异常难做。甚至在一些企业，行政部门大多是老板的亲友团，而这些人则“靠山吃山”，认为自己有靠山，没啥大本事但脾气不小。也有的行政人员错误地认为，只有表现得强势才能证明自己有本事，在这样的观念支配下，工作态度慢慢变得比较强硬。

所以，最好的情况应该是：企业上下左右能够相互理解、相互尊重，有矛盾的时候及时沟通。各自明确自己的工作职责，理解别人的难处，退一步则海阔天空。大家都是来做事的，都是为了企业的利益，大河有水小河满，大河无水小河干，企业效益好了，个人利益也随之更好。虽然避免不了存在个别搬弄是非的人，但绝大多数人都是来做事的，而不是来挑事儿的。

另外，还有一点必须要提出来，企业的行政部门的服务对象是多维的，既为员工服务，也为企业管理者服务。有的时候，管理者与员工的利益角度、思考问题的关注点、站位等不同，作为行政部门就容易犯难，要么两边不讨好，要么总有一方有抱怨情绪。比如，落实考勤制度、检查卫生状况等工作就避免不了给员工增添“麻烦”，容易引起员工的反感情绪，但是没有做好这些工作，老板又会不高兴。

行政部门既是站在企业的高度出台企业制度的人，也是这些制度的执行者。企业制度大多是为了维护企业的利益，只有当企业利益与员工个人利益一致的时候，才不会引起员工的反感。在这一点上，行政部门在出台制度的同时，要做好政策宣传，充分解释政策的立足点和意义，争取员工的理解和支持，增强员工遵守制度的自觉性，减少在执行过程中的阻力。

行政不被重视与不被尊重的重要原因

关于行政不被重视的问题，应该这样看待。

第一，企业最重视的是研发、生产和销售部门。这一点毋庸置疑。其他部门都属于后台保障性工作，没法与之相比较——任何人当老板，都会有这样的观念。企业利润是企业生存的基础，皮之不存毛将附焉?产品有问题，营销上不去，其他部门的存在就成为多余。有“不被重视”或者“不被尊重”的感觉大多是没有摆正自己的企业角色，对自己的职能没有认识清楚。

第二，“不被重视”与“不被尊重”不是一回事。重视不重视是由自身在别人眼里的价值所决定的。在别人眼里你有价值，他们就会重视，反之则会不重视，或者说被轻视。而行政部门的存在价值没法以为企业创造显性的经济价值来衡量，只有通过良好的保障作用来实现。所以行政部门要想让人重视，只有一条途径，即发挥好自己的岗位职能，努力得到领导层和员工的一致称赞。“不被尊重”的原因很多，既有自身的原因，有企业文化的原因，也有员工素质的原因。按道理讲，可以不重视，但不能不尊重。为此，行政人员要提高自己的个人修为，淡泊名利，总结和提高工作技巧，在坚持基本原则的基础上，尽可能搞好各方面的人际关系，既要敢于大胆管理，又要讲究方法。

第三，人力成本不同，价值也就不同。培养一个工程师与培养一个行政人员哪个成本高？显然是前者。再比如，很难在短期内培养出一个十分优秀的营销人才，因为市场很公正也很严酷，检验营销的标准只有一个——销售业绩。相比较而言，行政工作则比较柔性，没有明确的检验指标。对于企业而言，招聘行政人员比较容易，而要招聘到优秀的工程师和营销人才则难得多。这是人力市场的基本事实，也是客观现实。

第四，人们的观念中，提到企业行政管理，往往首先想到的是各种各样的后勤保障工作，其实行政管理中有一个十分重要的模块——人力资源管理。有的企业，人力资源部与行政部是分开的，但在许多企业里，人力资源部门也就是行政部门。恐怕没有人会否定人力资源对于企业发展的重要性，而企业管理的最终归结点都是具体的人，所以行政部门要创新行政管理思路，把各种行政管理与人力管理结合起来，通过管人来达到管事的目的。这样一来，行政管理工作会更加主动，也会被人重视。

第五，提高工作效率，摆脱琐碎的事务性工作，把节省下来的精力和时间投入到更有价值的工作中去。比如，变打电话为群发信息、建立微信群，这样一来工作效率提高了，过去组织一次会议需要拨打百十次电话，现在只需几分钟就搞定了。工作效率提高了，就可以把精力投注于其他方面，以利于增强企业行政工作的附加价值，其他员工就会越来越重视行政工作。

新型行政管理的七个“变”

现代企业行政管理要实现如下“七变”。

1. 变“控制”为“服务”

这是观念的转变，也是工作方法的转变。传统的企业行政工作思路是“制定政策＋执行政策”，比如，制定员工考勤规定，并具体实施考勤工作——通过考勤来控制员工的上下班时间以及在位率。转变行政观念之后，变“控制”为“服务”，通过各种方法，启发员工的工作积极性和主动性，营造良好的企业文化，使员工不用监督也能自觉坚持按时上下班，自觉坚守岗位。即便发现个别员工有迟到早退等现象，也会及时了解其中的原因，如果确实是因为有特殊原因，则会主动帮助员工解决个人问题。

另外，“控制”变“服务”还有一个含义，就是变“行政控制型”管理为提供“规则服务”。对上，配合企业战略，提供规则服务；对下，发现问题或者接到员工或部门所反映的问题，通过制定专门的规则来矫正问题。服务的思路和办法可以有很多，不仅仅是普通意义上的“帮忙”。

2. 变“人才成本”为“人才资本”

人力资源管理是企业行政管理中很重要的工作。如今的许多企业都感觉到“缺人”，一方面缺人，另一方面已有的人才流失现象严重。企业常常感到好员工很难招，已有的员工能用的太少，主要是因为企业经过长时间培养磨炼出来的优秀员工要么跳槽，要么被人挖走了，要么自己创业了。另外，随着工资水平的普遍提高，用工贵的现象也十分突出。人才招聘中的“要价高”和人才培养中的“高成本”困扰着无数的企业，在越来越昂贵的人才成本面前，企业陷入了尴尬境地，严重阻碍了企业的可持续发展。

据统计，自2010年以来，劳动力成本上涨了20%～25%，全国最低工资标准平均上调12%。劳动力价格上涨大势所趋，即便企业提高了薪资标准，也很难找到想要的人才，仍然难以留下有用的人才。

此情此景，如果变“人力成本”为“人力资本”便成为急迫解决的问题。解决这一问题的重任责无旁贷地落到了企业行政部门的肩上。企业人力部门要分析企业的具体事情，找到一个恰当的平衡点：既能维持企业的发展，又要减缩招聘人员数量；既要付出前期招聘和人才培养的必要成本，又要放眼长远，预测和衡量所带来的后期收益。史玉柱曾说：“给员工高工资时，实际成本是最低的。在人才面前，若你比其他竞争对手给出的工资高，一年之后回过头来看，你所获得的利润远远高于你所付出的成本。企业最高的成本不是给合格员工发高工资，而是还在给大量不合格的员工发低工资。”

付出的人力成本是“损失”还是“收益”，关键在于投入点。对于忠诚的优秀员工，这种投入是值得的，但对于不合格的员工而言，投入的人力成本就会白白流失。显然，在人才管理的整个流程中，人力资源部门的责任重大，必须要善于识人、巧于用人、懂得留人。企业行政部门要建立人才系统，完善招聘、培训和竞争机制，将成本转化为资本。

3. 变“事随人转”为“人随事转”

企业行政管理是“以事为中心”还是“以人为中心”，其实只是工作思路的问题，需要依据实际情况而定。当“以人为中心”遇到阻力的时候，不妨换一种思路，试试“以事为中心”，或许问题会迎刃而解。在企业管理中，“以事为中心”其实就是所谓的项目制。“盯人术”有“盯人术”的优点，“项目制”有“项目制”的优点。在企业行政管理中，一旦发现“对人不对事”失效，不妨试试另一种办法——“对事不对人”。关键并不在于运用何种思路和办法，而在于实事求是和灵活运用。

4. 变“临时应变”为“提前计划”

企业的行政工作大多为各种杂事。这些杂事有的是事先所知晓的事情，但许多时候则是临时出现的事情。行政人员要学会不断总结工作经验，尽可能减少临时性的工作，对于常发事件要有应对预案。对于已经明确的事项需要提前做计划，然后从容不迫地解决。企业行政工作中的“变量”虽然很多，但大多都是可以事先预控的事件。制订好工作计划，就会临事时从容应对，避免临时行动偏离正确方向，进而提高行政效率。

5. 变“点子管理”为“系统化管理”

“点子”是零碎的各种主意或想法，而系统化管理则是评估内外环境、综合考虑、有计划有步骤的一套相对固定的应对方法。在企业行政管理中，需要从整体出发，以动态的眼光，透过现象看到事件的本质，充分考虑到时间和空间的变化性，设计一个处理问题的系统程序。这样才能尽可能做到万无一失，也不会因为行政人员变了，使得处理结果有什么不同。

6. 变“口头形式”为“书面形式”

在企业行政管理中，尽可能形成“书面行政”的模式，而不是依靠“口头形式”。这样做的好处很多，比如，能有效保留经验，使企业的生产技术得以不断累积，成为企业的一笔有形财富。对于企业容易出错的事项编制成手册或者考卷，要求各部门制订工作计划并在全公司共享。甚至有可能的话不要搞各自为政的“封闭式办公”，而是采取开放式的办公场所，这样更有利于企业内部信息交流的便捷顺畅，为“书面行政”创造有利条件。

7. 变“苦干”为“巧干”

企业行政工作有“三苦”：事情繁多而且琐碎，忙东忙西，时间不够用，体力透支，此为一苦；触及多方利益，不但事难办，而且受气，此为二苦；不受重视，得不到理解，此为三苦。破解之法在于找到窍门，总结最有效的思路，摸索最适合的办法，也就是说要“巧干”。同样是渡河，可以泅渡，也可以乘船，还可以搭桥。同样的事情，应对方法有很多种。另外，要学会科学的时间管理，合理分配时间和精力，区分事情的属性。

优秀行政管理人员的“四心”

企业行政工作不是可有可无的“阑尾”，随着企业信息化程度越来越高，行政管理会越来越显示其重要价值。甚至会像公司财务和市场营销那样，逐渐成为专门的新兴行业。不断变化的市场会对企业提出新的要求，进而促使企业对行政人员提出更高的要求。在工作中，优秀的行政管理人员会做到“四心”。

1. 用心

要想成为优秀的企业行政人员，就必须要“用心”投入工作，把行政工作当作事业来做。企业行政人员不但需要高智商，还要具备高情商；不但需要具有比较广的知识结构，还要掌握各种工作技能；不但口头表达能力要高，而且还要有很好的文字能力，也就是说，要能说会道而且还要能写；不但要有职业道德，还需要有适合行政工作的个性特征。行政工作看似谁都可以做，实则不然。如果不“用心”做，就很难胜任。

2. 同理心

企业行政人员要善解人意，能站在对方的角度换位思考，也就是说，要善于运用“同理心”的思考模式对待问题。许多具体的行政工作虽然可以理解为“对事”，其实最终还是离不开“对人”。与人打交道需要讲究艺术，太坚持原则不行，不坚持原则更不行。“同理心”是妥善处置问题的良好渠道，也是让对方心悦诚服的办法。尤其是在执行处罚和监督的过程中，很容易遭遇各种阻力和抱怨甚至怀恨。最好在处理问题的时候进行有效沟通，事先打预防针，事后做好思想开解工作。

3. 留心

做行政工作需要如履薄冰、战战兢兢，也就是要“处处留心”。行政工作往往处于各方利益的风口浪尖，极易引发矛盾纠纷。为人偏激、做事率性、嘴碎话多的人做不了行政工作，容易激化矛盾，引发是非。做事谨小慎微是“留心”，认真思考和仔细观察也属于“留心”。行政工作不像财务和技术研发那样单纯，常常要面对各种事各种人，不“留心”就容易出纰漏。

4. 宽容的心

行政人员需要具备独特的个性特征，心眼儿小、喜欢较真、太好强等性格的人很难从事行政工作。做好企业行政工作，要豁达开朗、宽容大度、自尊心不能太强，尤其要具有心理耐受力。用一个词来形容，也就是要把自己修炼成一个“没心没肺”的人，心肠不能黑，但脸皮一定要厚一点。脸皮厚就不容易受伤，回旋余地就相对要大，对于别人的批评指责甚至无端谩骂要能一笑而过，不往心里去。

解决新行政人员问题多的方法——练习

行政工作问题多，新行政人员的问题更多。出入行政工作岗位者不了解企业实情，缺乏工作经验，即便有理论知识，也需要与实际相结合的磨合过程。突破的办法只有一个，也就是勤奋练习：一是自我练习，勤动嘴请教，勤观察，积累工作经验；二是组织集中授课，讲授相关知识和常识；三是以老带新，通过传帮带的办法，让新人尽快进入正常工作。在练习的过程中，需要注意以下问题。

1. 练习是个动态的过程

“练”就是要边学边干，在干中学，在学中干，相互促进；“习”

就是学习，向有经验的人学，向书本学，向具体实践学，还可以参加相关的讲座和培训。不论怎么讲，所谓练习首先要解决思想认识问题。给自己所从事的行政工作准确定位，对所负责的事项作清晰的区隔。认识到位了，意识清晰了，行动就会变得自觉，能量就会变得集中。

2. 理论与实践结合

从理论上讲，现代企业的行政管理重视对人的管理，而对人的管理主要是通过引导、评价和奖惩来实现。如何在人员管理中设置引导目标，如何组织实施评比奖励，如何对违规者进行惩罚，这些工作说起来简单，但具体执行时则需要技巧和规程。

3. 增强发现问题和提出问题的能力

优秀的行政管理人员不是机器人而是善于观察、思考和提出问题的人，这一点恰恰是新人最缺乏的。例如，当发现行政管理工作在企业中明显偏弱的情况下，如何分析其中的原因？一般来说，中小企业的行政管理工作都不太正规，大企业都有专门分管行政的副厂长或者副经理，而中小企业则是眉毛胡子一把抓，行政渠道也都是临场发挥，行政管理工作不规范不系统。有的企业行政组织机构不健全，或者不合理，管理渠道阻塞或者不顺畅，行政命令无法准确、快速、有效地传达和落实。有的企业不重视行政管理工作，机构臃肿，人浮于事。有的企业制定的规则不科学，繁文缛节，办事低效……如果能够敏锐地发现行政管理工作中存在的问题，并且提出解决办法，那么就说明新人有了明显的长进。

4. 修炼个性习惯

企业行政工作对行政人员的个性提出了很高的要求，行政新人从一开始就要改变不适合行政工作的一些个性特点。人的气质很难改变，但是个性是完全可以改变的，而且改变起来很简单。所谓个性，即一种相对固化的思想认识，改变个性也就是改变思想认识，认识变了，个性也就随之变了。

除此之外，优化知识结构、增强创新意识、学习行政实用技能等都是新人需要练习的方面。通过全面练习，使学识和经验结构转化为较高的适应企业行政管理工作的能力结构，并且具有良好的个性特征和心理素质，最终具有优秀的实际工作能力——信息处理能力、组织活动能力、判断分析能力、决断能力、任务执行能力等。

行政人员养成术——自学

国内有数千万的各类企业，其中从事行政管理的人员是一个十分庞大的群体。对于这些人员大体可以将其分为三类：初级行政管理人员、中级行政管理人员、高级行政管理人员。不论哪类行政人员，他们都是企业的服务员、调研员、宣传员、信息员，不过他们的从业水平和工作质量却有明显的不同，这与他们的管理经验和相关知识水平有关。

俗话说，活到老，学到老。这句老话同样适用于企业行政管理人员。企业的行业属性不同、所处地域不同、发展阶段不同，行政管理所面对的人和事也就不同。任何企业总是处于动态发展过程中，企业所面对的各种情况始终处于连续的变化之中，行政管理人员会面对无数的新问题。这就要求行政人员始终处于边工作边学习的状态，工作就是学习，学习就是工作。

行政管理人员需要掌握企业整体的情况和信息，行政工作岗位对于行政管理人员所需的知识提出很高的要求，他们需要学很多知识，如战略管理、人力资源管理、财务管理、生产管理等相关知识，需要了解企业所有部分的工作流程和关键业务。显然，唯一的办法就是自学，自学是初级行政人员成长为高级行政人员的必由之路，没有其他捷径可走。

自学的关键：一要有动力，清楚地意识到学习的重要性，解决“我为什么学习”的问题，认识到不学习就落后的后果；二要有愿力，虽然说压力也可以产生动力，但最管用、最持久的动力则来自于更深层次的内在心灵，比如对工作的热爱和兴趣，或者对成功的渴望等，只有这样的动力才能真正启发学习自觉性；三要学以致用，人的时间和精力都是有限的，如何更有效地将有限的时间精力投入无限的知识中去，在学习中获得最佳的实际成效，就需要有目的地去学习，不能“捡到篮子里的都是菜”；四要有计划，依据工作需要，给自己制订切实可行的自学计划，然后按照计划一点一点地学习，不可急于求成，不可好高骛远，而要持之以恒；五要全维度学习，学习不仅仅指学习书本知识，向人请教或者抽时间听讲座等都是很好的学习方式。

第二部分

核心素质的培养与升级

不是

制度僵硬

而是

人僵硬

举凡已经成型的公司，都有着自己的规章制度。在这些制度的指导下，员工各司其职，开展各项工作。但是有的公司虽有制度，却形同虚设，制度执行不力，企业管理混乱不堪。有的公司制度健全，人人遵守，按规章制度办事，工作井井有条。究其原因，不是没有制度，也不是制度僵硬，而是执行的人没有执行到位。企业管理，不仅仅是定制度，更重要的是培养人，因为最后的执行者是人，员工的核心素质关系到制度的执行结果。培养员工的综合素质，提升员工的管理能力和执行能力，管理制度才能真正落到实处。

第三章　手法革命——基于“行”的精细化行政管理

心理学上有一个很有意思的“泡菜效应”，跟中国的“近朱者赤近墨者黑”意思相似，表达的意思都是环境对一个人的影响很大。不同的蔬菜在一个坛子里浸泡，时间久了就会变成同一个味道。打造精细化管理的团队也是一样的道理，虽然每个人的素质不同，但是在企业良好氛围的熏陶下，也会逐渐进步、成长，凝聚力增强，个人的成长，会推动企业的成长，提升企业整体的素质。精细化的行政管理可以帮助企业打造高效率的团队，做好企业内部服务，鼓舞士气，提升整体竞争力。

为什么上层领导总是说“全面提升行政工作”

行政工作的重要性体现在哪里？

企业管理其实就是内部管理+外部管理。外部管理一般是指市场运营、客户管理等。内部管理则是人们所说的行政管理，包括员工的行为准则、绩效管理、财务管理、销售管理、薪酬管理等，企业以人为本，所以内部管理至关重要。

“企”字的造字很有内涵，无“人”则“止”是为“企”。行政管理起着统筹规划、统领全局的作用，带动企业整体工作的开展。企业的发展，需要行政管理统筹全局、策划开始、监督执行过程、考核结果，同时为保证执行做好后勤服务。

为什么有的企业能够从小微企业，一路发展壮大，最终成为世界500强，有的企业却在半路夭折？例如，沃尔玛能从最初的杂货铺子发展成今日的零售业巨头，靠的就是精细化的管理。上层领导之所以提倡全面提升行政管理工作，是因为领导站在了战略性的高度，意识到了行政管理工作的重要性。企业从小微做起，可能还不需要多么精细化的管理，一个人可以身兼数职，公司也是由老板一个人说了算，老板娘掌握财政大权。但是当企业逐步发展，人员配置增多，行政管理的必要性就会日渐显露出来。世界500强的企业，之所以有那么多员工，还能保证各项工作有序进行，就是因为公司有一套完善的行政管理体系，协调和维护整个企业的工作。

提高新型行政管理工作能力的四个关键

如何提高新型行政管理工作能力，就是需要深入探究的问题了。提高新型行政管理工作能力，有四个关键。

1. 要有组织

任何一项活动，都必须有组织地开展。没有组织，很难形成纪律性和凝聚力，一盘散沙是无法好好工作的。行政管理工作需要很多的沟通和总结及宣传工作，必须有一个专门的机构或者组织统领这项工作。一般来说，企业的综合部为行政管理工作的归口部门。行政部或者综合部组织、协调各个部门提交本部门管理制度、岗位职责、工作计划等，组织各项活动、文案的开展和执行落实。另外，还可以在执行的过程中起到督促和监督的作用。

2. 要有计划性

凡事预则立，不预则废。有计划地开展工作，能提高工作效率，避免混乱及突发事件。有计划，就要确定方向。比如，本次活动的主要目的是什么，通过哪些方式来实现，由谁来实现，这样工作就不会混乱，也可以有效预防推脱、扯皮等现象的发生，提高工作效率。还有很重要的一点，当所有部门的工作做好计划后，整年或者整个季度、月份，甚至每周的工作都有任务可以分解，工作起来就会事半功倍，大家就不会出现无头苍蝇团团转的情况，各司其职、各谋其政，良好的工作氛围塑造了良好的企业形象。公司的生产计划、招聘计划、销售计划等都属于计划的范围。

3. 要有秩序

既然是企业，是一个组织和机构，工作的开展就要有秩序。在行政管理精细化的过程中，尤其要注意各项工作的秩序。井然有序才能保证工作层层递进，逐步开展。每个部门都按照计划按部就班地执行，节外生枝只会增加工作量。而且，良好的秩序才能保证公平、公正、规范，否则谁想怎样就怎样，企业管理就会乱套。比如，库管的岗位职责内规定，必须要有良好的职业道德，严禁监守自盗，如果发现，就要接受相应的惩罚。曾经有家糖厂，主要以甜菜为原材料，制作糖稀、白砂糖和赤砂糖，因为管理不严格，每个员工都会钻企业的管理空子，偷偷用饮料瓶等容器将糖带回家。库管更是借着工作之便，中饱私囊。久而久之，内盗加上外部忧患，这家糖厂倒闭了。还有一家公司，因为公司不太大，老板为了节省人力，会计和出纳由同一人担任，破坏了财务工作的秩序，最终导致公司十余万钱款被卷跑。

4. 要有步骤

一般企业内部开展某项特定工作，都会提前做好策划文案，按照文案确定的内容，按部就班的执行，遇到突发事件或者不可抗力，或者不适合的地方，也会进行修订。工作通常都是互相关联、环环相扣的，牵一发而动全身，因此各个职能部门都要按照步骤执行。比如要召开会议，一定要先确定是否有人同一时间使用会议室，少了这个步骤，就可能会出现会议时间重复、会议室不够用的情况。接待访客，也要提前确认访客的人数，以便安排食宿。每项工作都有其必须履行的步骤，不可为了节省时间或者偷懒省略。

行政管理的七大职能

行政管理有七大职能，在工作中会逐步发挥其相应的作用。

1. 计划

计划的重要性，是每个企业需要重视的，每个部门的计划工作都是很重要的。以生产企业为例，企业要做好生产计划，年初的时候要根据企业的实际生产能力，结合市场调研得出的市场需求量来制订生产计划。

生产计划具有以下三点作用：

一是让生产有数据可依，避免出现供大于求，造成产品滞销，而且没有计划的生产很可能导致片面追求产品数量而失去产品质量。

二是有了生产数据，原料和采购部门就能根据成品推算出原料、辅料及其他配件的采购数量，进而确定本部门的工作计划，销售部门也能根据生产数量确定销售计划，进而分解销售目标。

三是有了生产数据，其他部门也能做好后勤保障服务工作。如人力资源部，会根据生产数据确定配备工人数量，行政部又会根据工人人数安排食宿等问题……

财务部门要做好全年财务计划，否则在资金有限的情况下，就会出现某些地方超支导致资金断流，引发企业经营危机。人力资源部也要做好计划，安排各个岗位编制，实现人力资源效应最大化，创造“1+1 > 2”的效益，为企业创造“一个人干两个人的工作，领三份工资的工作环境”，减少员工流失率。

2. 组织

行政管理要有组织地开展，这是毋庸置疑的一个职能，相信有过职场经历的人都有同感。一般举凡修订制度、搞活动、接待贵宾、出游、会议等，都会有专门的部门组织和筹划。有组织，就会有秩序，为各项工作的顺利开展保驾护航，达成预期的效果。比如，接待企业的贵客这项工作，就必须有专人组织策划，组织的重要性无须赘言。

如何保证这件事圆满完成？答案就是必须有组织者。

提前获知来宾的人数、访问目的、来宾的身份和职位，以及来宾的喜好等，安排来宾的食宿和参观访问行程等；接待当天安排车辆、人员到相应地点接应，参观过程安排相关人员解说和接待，用餐时间由何人陪同，用餐规格和酒水安排等，每一项工作都是环环相扣的，如果不去组织，就无法落实。生产过程也需要相应的组织来协调实现。首先，要由生产部门联合公司销售部门及相关领导，制订生产计划，其次，和原材料供应部门和库管等做好工作的沟通和协调，让其做好配合工作。没有组织，就有可能出现供大于求或者供不应求，或者产品不合格等问题，损害公司利益。

3. 指挥

既然是一项工作，必然有它的最终目的。而行政管理就是要作为一个指挥者，指引大家向着同一个方向前进。对整体的工作知之甚详，才能担起这项职责，而且，只有足够的领导力才能让大家信服。音乐会现场，指挥家只用一支指挥棒就能让整个乐队和谐的连接起来，演奏出美妙的乐章；如果大家各自演奏，即使小提琴再优美、大提琴再悠扬，也无法谱出和谐的曲目。

一个企业里，也需要这样的一个指挥家，让各个部门的工作能够实现协作。而且因为个人的工作权限有限，必须有指挥者进行确认审核，工作才能顺畅开展。工作出了偏差，也需要指挥者予以纠偏。

4. 协调

当执行过程中发生冲突或者矛盾时，行政管理要起到协调的作用。将事件导向原来的目标轨道，实现最终目标。而在执行过程中，出现突发事件或者障碍是必然的，因为这个过程不是一个人，也不是一个单独的部门的参与，而是整个企业内部的一个大的提升和调整。即使有方案可依，其可行性也会经受考验。作为协调者，一定要熟知方案的内容，修正出现问题的地方。而行政管理人员，也要学会协调的技巧。

5. 控制

如果失去控制，事情就会偏离轨道，滑向不可预知，结果都是难以承受的，所以，要把各项工作控制在一定的范围内是很有必要的。例如，控制各个部门的花销、控制各个岗位的人数、控制生产部门的产量以确保质量、控制宿舍住宿人数，等等。

中国大多数企业都是家族企业，人员的来源就是一个很需要控制的地方。都是自家人，忠诚度当然很好，但是并不是所有亲属都有足够的能力，所以外部新鲜血液的引进也是必需的。而且有了这些外部力量的牵制，也有利于净化公司的风气。

有一个食人鱼的小故事很能说明这一点。在一个鱼缸里放上食人鱼和小鱼，食人鱼很快就会攻击小鱼并把它们吃掉。后来在它们中间放了一块玻璃隔板，食人鱼可以看到小鱼但是却吃不到。食人鱼攻击了多次都无功而返，还把自己撞得伤痕累累，后来它就放弃了。等把玻璃隔板撤掉后它依然不敢攻击小鱼。那么怎样才能让食人鱼重新攻击小鱼？那就是再放进去一条食人鱼，当看到这条食人鱼可以轻易吃到小鱼的时候，它又会展开新的攻击。这就是新鲜血液的重要性，它可以带给组织新的活力。

6. 报告

小孩子之间经常有报告老师或者家长的习惯，“举报”小伙伴的不良行为，从而维护自己的权益或者得到老师或家长的夸赞。行政管理也担负着报告的职责，但却不是那种专打小报告，否则只怕会被唾弃死，工作也会举步维艰，无法开展。这个报告指的是桥梁作用，上通下达，既要把基层的想法报告上层领导，也要把上层领导的决定传达给基层员工。这个报告也是有技巧的，要不然就会沦为“告状老板”，被人鄙视，让自己陷入进退两难的尴尬境地。

向老板报告工作，要注意：

一是要选对时间和地点以及当时的氛围，让自己有充分的时间做报告，也要让领导有接受的余地。否则你满腔热血要报告，却被领导的坏心情直接打发掉，会很伤害自己的工作热情，也不容易得到想要的答复。比如，你有一个坏消息和好消息，你先报告哪一个？有研究表明，一般人都想先知道坏消息。因为坏消息会让人焦虑不安，而时间则会加剧这种不安。先听到了总是心里有底。好消息则会冲淡坏消息带来的坏心情，令人稍微振奋。你选择好了先报告哪一个吗?

二是要有所准备，有重点、有层次的报告工作，缩短报告时间。报告工作严禁长篇大论，漫无边际的陈述，领导一般比较忙，担负着决策的职责，时间宝贵，所以不会有时间和精力听你侃侃而论。报告要言简意赅、条理分明，“陈总，我有五项工作向您汇报，第一项是……”这样比较容易引起领导的注意力，效果也最好。当然，准备工作是必须要做的，否则头脑空白，如何理出头绪。

三是要有自己的立场和观点，最好是提出问题，然后附上建议。这样很容易得到老板的赞赏。有个经典的案例分享给各位，可以学习如何向老板汇报工作。

两个同龄的年轻人同时受雇于一家店铺，并且拿同样的薪水。

可是一段时间后，叫阿诺德的小伙子青云直上，而叫布鲁诺的小伙子却仍在原地踏步。布鲁诺很不满意老板的不公正待遇。

终于有一天他到老板那儿发牢骚。老板一边耐心地听着他的抱怨，一边在心里盘算着怎样向他解释清楚他和阿诺德之间的差别。

“布鲁诺先生，”老板开口说话了，“您现在到集市上去一下，看看今天早上有什么卖的。”

布鲁诺从集市上回来向老板汇报说，今早集市上只有一个农民拉了一车土豆在卖。

“有多少?”老板问。

布鲁诺赶快戴上帽子又跑到集市上，然后回来告诉老板一共40袋土豆。

“价格是多少?”

布鲁诺又第三次跑到集市上问来了价格。

“好吧，”老板对他说，“现在请您坐到这把椅子上一句话也不要说，看看别人怎么说。”

阿诺德很快就从集市上回来了，向老板汇报说到现在为止只有一个农民在卖土豆，一共40袋，价格是多少，土豆品质很不错，他还带回来一个让老板看看。这个农民一个小时以后还会弄来几箱西红柿，据他看价格非常公道。昨天他们铺子的西红柿卖得很快，库存已经不多了。他想这么便宜的西红柿老板肯定会要进一些的，所以他不仅带回了一个西红柿做样品，而且把那个农民也带来了，他现在正在外面等着回话呢。此时老板转向了布鲁诺，说：“现在您肯定知道为什么阿诺德的薪水比你高了吧?”

四是要学会跟上司沟通的方式，摸准上司的脾性，选择他喜欢的方式与他沟通。领导喜欢使用聊天工具，那就用QQ、MSN，甚至是微信都可以，领导喜欢E-mail（电子邮件），那就尝试发邮件给他，领导喜欢面对面的沟通，当然也要配合。

再来了解一下如何向下级传达上层领导的决定。

当传达下级比较容易接受的决定时，一般不会有太大问题，一旦传达的决定对公司长远发展有利，但却会损害员工的眼前利益时，就很容易引发反弹。这时候要有耐心地解释，诱导员工接受这种安排，而且要带着坚决的态度，不可把自己也放置在对方的立场上，最后反而被对方说服。

陈鑫是一家公司的行政部职员，公司每年一度的旅游安排下来了，让她去通知大家。她看到活动安排后很不能接受，5个多小时的车程，居然只安排了一天的行程，当天去当天回。早上六点集合，中午十一点左右到达目的地，吃饭、参观、做游戏、购物等安排了六个小时，下午六点集合返回，当然回来势必是凌晨12：00左右。陈鑫内心很反感领导这样的安排，既然安排旅游就不要为了省钱这样紧促，玩不好、太累，也不安全。于是在通知大家时，她也带了抵触的心理，导致大家都积极性不高，报名的没超过5个。领导知道后很不高兴，亲自召开会议动员，最后大家全员通过。领导对陈鑫的印象也一落千丈。其实领导也有自己的考虑，春夏秋三季公司都会很忙，冬天又没有太好的去处，只能从百忙中抽出时间安排旅游。陈鑫只考虑了员工的立场，却没有站在公司的立场，导致传达工作失败。

7. 预算

企业的管理中都有财务管理，财务管理中又有很重要的一项，那就是成本管理。各项预算都可以算作企业的成本管理内容。在每年年初，大多数企业会要求各部门提交预算，从而做出年度预算。行政管理中的预算包括部门的办公用品、接待费用、差旅费、会议费用等。有计划地进行预算管理，有利于降低成本，合理化使用资源，也有利于高层领导做出决策，决定资金的使用方向。

做预算的时候，可以借鉴以下方法：

(1) 参考本部门上一年度的预算与决算。

(2) 根据本部门本年度的工作计划，分摊各项费用。

预算不是随便编制的，必须有依据有参照，否则到了财务审核，也不能通过。某企业因为考虑到上一年度销售部门接待费用过高，与谈成业绩的数量不成比例，而且本年度销售部门递交的预算依然很高，因此决定削减部分预算。此举导致销售部长内心不满，多次到财务部骚扰。财务部逐条列举了不当开销，耐心解释，表明工作中没有谁针对谁，都是为了做好工作，为了公司的发展，最终销售部接受了公司的决定。

部门管理费用预算表如下表所示：

________部管理费用预算表

编号	项目名称	2015 年预算	备注
1	应付职工薪酬		
1.1	工资		后附明细表
1.2	福利费		
1.2.1	节日及年终福利费		后附明细表
1.2.2	交通补		后附明细表
1.3	社会保险及住房公积金		
1.3.1	养老保险费		后附明细表
1.3.2	医疗保险费		后附明细表
1.3.3	意外保险费		后附明细表
1.3.4	工伤保险费		后附明细表

续　表

编号	项目名称	2015 年预算	备注
1. 3. 5	住房公积金		后附明细表
1. 4	工会经费		后附明细表
1. 5	职工教育经费		后附明细表
2	办公费		
2. 1	办公用品		计算依据
2. 2	印刷费		计算依据
2. 3	其他		计算依据
3	差旅费		计算依据
4	通信费		
4. 1	固定电话费		计算依据
4. 2	手机费		计算依据
4. 3	网费		计算依据
5	小车费用		后附明细表
6	业务招待费		后附明细表
7	折旧费		计算依据
8	无形资产摊销		计算依据
9	低值易耗品摊销		计算依据
10	物耗费		计算依据
11	培训费		后附明细表
12	会议费		后附明细表
13	运杂费		计算依据
14	宣传费		后附明细表
15	残疾人就业保障金		计算依据
16	税金		计算依据
17	水电费		计算依据
18	取暖费		计算依据
19	房屋租赁费		计算依据
20	维修费		计算依据

续 表

编号	项目名称	2015年预算	备注
21	证照及年检费		计算依据
22	企业文化建设费		后附明细表
23	购置费		后附明细表
24	物业费		后附明细表
25	参加上级组织活动		后附明细表
26	党建、精神文明建设		后附明细表
27	有线电视费		计算依据
28	临时工工资		计算依据
29	追加控制安排		后附明细表
	合计		

制表：

安内才能攘外

企业内部管理混乱，员工工作积极性下降，谈何发展？外部管理也会杂乱无章，有心无力。试想，一个无心工作的员工，如何更好地服务客户？内部管理不善导致工作系统紊乱，如何更好地预测外部市场发展，开拓新的渠道？而外部管理无法做好，又会导致企业效益下降，内部管理也会捉襟见肘，形成一个恶性循环圈。某家企业因为薪酬体系及部门管理不当，导致销售部门业务员全体跳槽，带走了企业很大一部分客户，造成客户的流失，同时因为一时之间无法配齐足够的人员，员工士气大降，惶惑不安，在服务客户方面也无法全力开展服务，造成客户投诉及不满，影响了企业整体的形象。

归属感，是最好的赞誉

员工的归属感是对企业最好的赞誉。安全感是相对的，当企业对于选择人才犹豫不决时，员工也在挑选适合自己的企业。企业对员工心存疑虑，对员工的工作能力拭目以待，员工也在衡量该企业是不是能让自己产生归属感，是不是适合自己。

员工通常比较关心的问题包括薪酬、休假等制度是否完善，福利待遇是否优厚，制度是否合理、人性化，公司领导好不好相处、是否值得追随，等等。而这些问题都需要精细化的管理才能实现最优状态。

一家连锁超市在新区开了一家新店，对于新店店长的人选，总经理办公会上讨论热烈。行政人事部推荐孙小梅做店长，运营部则推荐另一家店的百货组组长何美香。运营部长是总经理的妹妹，在她的力挺下何美香最后当选新店店长。而这次错误的抉择让行政人事部焦头烂额，每天充当消防队员。几乎每天都有员工到行政人事部辞职，理由是店长脾气暴躁，工作中总是骂骂咧咧、管理粗暴。由于员工无心工作，虽然开业初期店内活动力度很大，供应商也有大量赠品提供，但该店还是出现了负增长。在行政人事部长的强烈要求下，董事会最终同意撤换何美香，由孙小梅担任新店店长。孙小梅精明能干，懂得维护店内团结，笼络人心，平衡员工之间的关系，让员工不再流失，加上十几年的超市管理工作经验，很快就将全店员工扭成一股绳，扭亏为盈，实现了既定目标。

这个案例表明，当企业的员工产生了归属感，就会激发出员工的工作潜能，使其全心全意为企业工作，众人拾柴火焰高，企业的发展前景也就会一片大好。这个案例告诉我们，员工需要的不止是薪酬待遇，还需要被尊重和需要，以及人文的关怀，否则员工无法把企业当成“家”，也就无法产生归属感，无法融入企业。身在曹营心在汉，工作怎么可能做好?“收买人心”虽然看似贬义，对于企业行政管理却是至关重要的。

好的行政管理，不害怕冲突

在工作过程中，因为涉及的部门和人员较多，需要多次的沟通和磨合，难免会有冲突。沟通的过程就是求同存异，化冲突为整合，最终达成一致。再以上一个案例为例，当何美香得知自己店内多名员工到行政人事部辞职，而自己也被行政人事部长叫到办公室谈话后，她的情绪很激动。部长表明她管理能力不足，无法统领全店，她激动地反驳，表示只是一时犯错，自己完全有能力胜任店长职务。而且如果再被“贬回”原来的主管岗位，不知道有多少人等着看她笑话，她一时不能接受这个结果。通过多次谈话，行政人事部长帮她分析她的管理缺陷，并允诺只要她在工作中逐步提升自己的管理能力，日后开店依然有机会担任店长，才结束了这一轮的新店谈话风波。何美香回归主管的岗位上，工作游刃有余，实现了适人适岗。

第四章　工作效率之魂——时间管理的艺术

为什么同一家公司、同样的制度、同样的公司环境、同样的岗位，有的人工作效率超高，总是超额完成工作任务，有的人工作态度端正，工作也是鞍前马后，每天忙得不亦乐乎，却总是无法完成工作任务？这想必也是困扰很多人的问题，每天的工作时间是一定的，怎样才能很好地完成工作任务？学会时间管理，将时间化整为零，才能提高工作效率，更好地实现个人价值。

你为什么总觉得时间不够用

你为什么总觉得时间不够用？这是一个好问题。你是真的忙吗？真的时间不够用吗？未必。有些时候你的忙，可能是因为“盲”“茫”，茫然、盲目。

明明有很多工作要做，却不知道要做什么，理不出头绪，开始做了，又不知道该怎么开展，忙着这个又想起那个还没做，于是扔下这件去做那件，最后一天过去了，不该完成的没完成，该办完的也没办好，只觉得一天过得太快，8 小时根本不够用。

鲁迅先生说“时间就像海绵里的水，只要愿意挤还是有的”，珍惜时间、善用时间，时间才会充裕。工作不忙的时候，要游刃有余，忙的时候更要努力做到思路清晰、节节推进。

这里以各种文档为例，加以说明：

第一步：先把各种日常处理流程系统化与正规化，包括准备各种文档范本（Word、PPT、Excel），比如有统一的字体、格式排版标准等。

第二步：除了基本的文档模板，如投标书、合同之类比较重要的文档，只要你经常写，一定可以总结出很多检查和处理办法，把这些慢慢积累成列表，在最终成稿时，按这个列表进行处理和检查，能提高效率与速度，减少出错率。

第三步：花时间和精力研究一下 Word 和 Excel，里面有很多非常好的办法，比如宏、公式、函数等，可以帮助你完成很多自动化工作，特别是 Excel 里的公式和函数强大到无法形容，有时效率会有几十倍的差距。

第四步：工程师或文员总是会写各种文档，考虑整理一些通用性的文档，只要修改下日期、项目名称和少量内容就可以立即完成，这件事做好了，可以节省大量的时间。

很多时候我们会错估自己拥有的时间资源，以为自己还有足够的时间来完成，因此放慢了节奏和脚步，而事实却是在有限的时间内根本不足以完成既定任务。因为没有掌握管理时间的艺术，导致本来能够完成的工作没有完成，一个延误，导致了其他工作的拖延，形成了一个多米诺骨牌效应。

找准“时间差”，提高时间成本的边际效益

相信大家都了解这个小常识：要做米饭炒菜，必定是先把米饭焖上，然后再开始准备洗菜、切菜、炒菜。这样安排，米饭做好了，菜也正好上桌，可能十几分钟就可以开饭了。如果不履行这样的程序呢？让我们反其道而行看看。先洗菜、切菜，炒菜，菜炒好了再做米饭，等米饭做好，菜也凉了。半个小时估计才能吃上饭，菜还是凉的！这样的安排是不是既费时又不科学？找准时间差，其实就是利用统筹方法，打破固有的工作顺序和方式，优化工作效率。这样一来，同样的时间段内，成就的工作量会增加，也就提高了时间成本的边际效益。

以行政人员小张一天的工作为例：

序号	工作内容
1	去就业局院内买安全帽、手套、棉被等
2	去民生市场买布衣柜、电饭锅等
3	去广告公司做安全制度牌
4	去二手市场买办公桌椅
5	办公室日常事务

小张应该怎么安排这些工作的顺序，利用好这中间的时间差呢？恰当的做法是：先去广告公司告知制度牌的做法，大概什么时间可以取，然后到二手市场选购办公桌椅并告知送货地点和接收时间，再到就业局买劳保用品，回来的路上把布衣柜和电饭锅捎上。等买完这些回到单

位，正好可以迎接二手市场送来的桌椅并安置到指定位置。这样的安排可以保证有足够的时间运转，如果先去买完东西再到二手市场，会非常不方便：车上有很多东西，看管人不便离开，无法进去查看办公桌椅，即使可以，等买完再去看，对方也不见得正好有时间送货。留有的余地越大越好，尽量把工作在上班时间完成，否则可能货物送到已经到了下班时间，影响自己的作息。

见缝插针，在大的工作安排中善于插进细小的、琐碎的工作任务，也能更好地完成工作任务。以行政部门工作为例，行政部门本来的工作任务就是琐碎的、繁杂的。如工作安排中有会议事项，那么在会议召开之前有哪些工作可以顺手完成呢？是整理一下自己的桌面，还是查看一下你的办公用品库存，或者翻看一下你的今日工作日程，还是顺手把刚刚接收的文件入了档案？

创造“1 天 >24 小时”的三个秘诀

创造“1 天 >24”小时的三个秘诀具体如下所述。

1. 授权

学会授权很重要，即使你自己再有能力，但分身乏术，而且最重要的是时间不等人。所以，学会授权会提高工作效率。

小朱是某企业部门经理，工作 7 年，一直兢兢业业，但她却经常抱怨工作太忙，部下又抱怨她不懂得放权。每天部门的工作，她恨不得全都一个人干完，跑完这里跑那里，一天不得空闲，忙得像个陀螺。即使放手让别人干，她也总是不放心。一个生过孩子的女人，依然瘦得像根竹竿，因为工作和家庭的压力让她太劳累。

其实她大可不必这样，学会放权，让自己置身领导的位置将会改善这一切：学会发掘部下的优点和长处，并努力栽培其成为得力助手，放手让他们去工作、去成长，不仅可以分担自己的工作压力，也可以为企业培养人才，何乐不为？当然，放权不是随意放权，一定要注意技巧：一是逐步放权，这样一是可以观察员工的执行力和工作能力能不能独当一面；二是放权加控制并行，放权不是放羊吃草，一定要追踪员工的工作情况，并在员工遇到困难的时候出手指导和帮助，既帮助员工解决了困难，又帮自己树立了领导威信。

2. 串联

串联，让时间成为一条时间轴，把所有工作任务连串起来，可以有效提高工作效率。一天的工作量是一定的，时间也是一定的，怎样在一定的时间内完成这些既定的工作量？有两个方法可以帮助你：一是利用四象限法则，二是参照海尔集团的“海尔之剑”——OEC 法则。

四象限管理法则如下图所示。

第二象限：重要而不紧急	第一象限：重要且紧急
第三象限：不重要但紧急	第四象限：不重要也不紧急

四象限管理法则

它能帮助我们把一天的工作计划有次序地串联起来，帮助我们抉择哪件事先做，哪件事后做。尤其在计划执行出现漏洞和偏差的时候，它更能帮助我们查漏补缺，完成所有工作任务。

OEC 可以说是更完全的一种工作安排方法，它可以帮助我们安排一天内的工作任务、一周内的工作任务，甚至一个月、一个季度、一整年的工作任务。

OEC 表格如下表所示。在这个表格中，可以体现出本周内所有的工作计划内容及重要、紧急程度，并确定完成时间，督促自己在规定时间内完成，形成时间意识。这是一个很好的时间管理工具，推荐大家使用。

OEC 表格

日期	工作内容	重要程度	完成时间	完成情况	备注
星期一					
星期二					
星期三					
星期四					
星期五					

3. 挑重点

工作内容有很多，要学会挑重点。不要给自己列太多的工作计划，学会综合考量自己今天可以利用的时间，否则一旦完不成，很容易产生挫折感和失败感，不利于工作的开展。在列工作计划的时候，要考虑你今天是否有会议要参加，会议会占用多长时间；要考虑今天是否有客户来访，需要占用多长时间；今天是否要找员工谈话，需要占用多长时间。遇到突发事件或者领导临时交办的事件，也要学会挑重点，重新对时间资源进行调整。挑出来的重点也可能是最重要的任务，要学会对其进行分解：分析其工作内容、是否存在执行的难度、是否需要借助企业或者领导的力量、如何去克服困难，等等，这样在实际执行中会比较顺畅，可以减少挫折感和烦恼的时间。

怎样安排好一天的工作时间？这里有一些小的技巧可以借鉴，例如，利用好上班前的 25 分钟：提前几分钟到工作单位—给自己打壶热水—打扫办公室卫生—清理桌面，为自己泡一杯热茶—浏览新闻、邮件—查看工作日程安排，准备开始工作。

下班前的半个小时也是可以好好利用的：梳理一天的工作执行情况，列出已完成的在日程表上打钩，未完成的记录完成的程度并安排继续完成的期限，写入新的日程表中，为第二天的工作开展做好准备。

利用神奇的时间“72 法则”

时间管理的“72 法则”告诉我们：

当你下定决心要做什么事，而 72 小时内没去做，你会去做这件事的概率就趋近于零了，所以一定要改变你的惰性，不要拖拉，不找借口，日清日毕。科学研究告诉我们，72 小时之内，接到工作任务后，会感觉精力充沛，热情饱满，不论多么困难也要勇于坚持和行动，有了这样的信心，工作的成功率会很高，所以一定要利用好这神奇的 72

小时。

当然在这之前，要做好计划，确定由谁来执行，具体要做哪些事情，要在规定时间内完成，等等，然后循着这条线去寻找答案，有步骤、有秩序地开展工作。

公司领导读了《海底捞你学不会》这本书，大有感触，决定让全体管理人员都分享和学习，于是通知行政部门马上采购50本，发送到主管以上干部的手中，十天后学习完毕开座谈会分享阅读感言及对本公司的管理建议。行政部的严俊收到信息后，仔细算了一下时间。

买到书后大家要抽空阅读，还要写读后感和建议，一定要给大家足够的时间，因此他即刻赶往本地各大书店购买。但是因为城市小，而且这本新书又刚刚上市，目前城市里还没有这本书可买。严俊跑了好多家都无果，只能败兴而归，回来以后很发愁。他的主管提醒他，不是还有万能的淘宝吗？严俊马上弹跳而起，登录淘宝搜寻，果然搜索到了。因为城市比较偏远，店家不包邮，严俊又和店家进行了一系列交涉，最后店家同意多加30元运费并安排当日发货。

四天后严俊收到书，马上发放到个人手中，这样也只剩下不到一周的学习时间了。如果没有当初的快速反应，可能时间会更加紧凑甚至无法完成领导交办的任务。所以工作效率决定了工作的最终结果，一定要善于利用最初接到工作时的那股干劲儿，不要让它消磨掉。

改变所有员工的习性、能力、态度

前面讲到环境对员工的影响很大，而力的作用是相对的，员工的变化也会对企业产生反作用力。

> 一条臭水沟和一个五星级酒店光可鉴人的大厅地板，人们会选择在哪个地方吐痰？答案当然是臭水沟。因为它的性质决定了它会承接脏乱，而五星级酒店的大厅，环境优雅、地板锃亮，一般人都会不忍心把痰吐在上面。

这个简短的案例告诉我们：环境很重要，而在企业内部，环境是由谁创造的？答案是人，那么要创造良好的企业氛围，就要从人下手，从改变所有员工的习性、能力和态度入手。

有一家企业很重视从细节方面培养员工的素质，他们有一个小小的规定，就是全公司的员工在用完洗手间后，一定要保持洗手台的干爽，这样公司的洗手间永远是干净整洁的，大家的心情也是愉悦的。而在日企，更能体现出细节的力量：企业会设置茶水间，所有员工的水杯全部放置在茶水间的置物架上，桌上禁止放置水杯及其他一切与工作无关的物品。

这样做，可以帮助员工塑造干净、整洁的工作环境，为高效工作创造良好的环境。反观很多企业的员工，办公桌上堆满了水杯、茶包、零食等私人物品，相信很多人都经历过打翻水杯而导致“水漫金山寺”

的情况，水流进键盘、损坏文件，都会造成不同程度的损失，有可能还要重新补文件、重新盖章等。这些看似很小的细节，其实都在影响着我们的工作。

工作中注意很多细节，可以帮助我们提高工作效率：电子文件要边打字边保存，以免出现意外断电等事故；电子文件要配合纸质文件同时保存，否则一旦U盘或者电脑出了问题，文件就会损失，需要额外的时间补救。同样的查找文件，有的人立刻就能找出来，有的人却是翻箱倒柜也找不到。这里有一个很好的办法，在文件入档时，要在文件盒放一张文件清单，这样一打开文件盒，就知道自己要找的文件在不在里面，一目了然，减少寻找的时间。其他的细节，根据各个岗位的不同，也要善加总结，为自己提供借鉴。

有人说细节决定一切，也有人说态度决定一切，细节的力量毋庸置疑，态度可以与其并驾齐驱，其力量也不容小觑。

虽然每个企业都在提倡执行力，为何有的企业总是成效不彰？因为提倡执行力，态度至关重要，不能改变员工的态度，就无法提升执行力。可能很多人都有过这样的经历，当你愿意去做一件事的时候，即使这件事困难重重，但是你依然干劲十足，认真为它寻找解决的办法。相反，当你不愿意去做的时候，即使这件事很简单，你也会为自己找很多借口去推托，直到不能再拖才勉强做完。在落实一项工作之前，一定要先改变员工的态度，让员工愿意接受这项工作、愿意接受这种改变。

在做一项工作前，如果员工抱着消极的态度去执行，效果肯定不尽如人意。消极的态度的表现：懒散、对抗、拖拉、扯皮、推托责任、遇到困难裹足不前。而积极的态度则会让人信心十足，热情高涨，即使遇到困难，也会想办法去破解，认为办法总比问题多。对比这两种态度，工作效率会立竿见影，立刻见分晓。

某策划公司最近士气不振，经理探究原因才得知是“一块臭肉害了满锅汤”。原来这家公司有一个空降兵，是某银行行长的儿子。这位公子不学无术，每日无所事事还拿着高薪，引起了其他员工的不满。找到原因后经理开会，语重心长地告诉大家：存在即合理。公司之所以愿意接受这位公子，是因为他的父亲允诺给公司贷款优惠政策，公司多了一条融资渠道，可以在残酷的竞争中获得多一条生存渠道。大家了解后也就不再抱有敌视态度，重新投入各自的工作。

改造员工的工作能力是一项系统工程，需要员工和企业共同努力才能完成。企业在招聘时首先是甄选人才，值得培养、有潜能的员工才是被挑选的对象，所以选拔人才很重要。员工在工作中，出现工作效率不佳、执行力不够的现象，有可能是两种原因造成的：一种是本身有能力，但是态度懒散，执行力差。这种情况只需调动其工作积极性即可。另一种是虽然有心做好工作，但是能力不足，对于工作有心无力。这种情况下就要提高员工的工作能力。企业要为员工提供好的学习机会，员工也要好学、乐于接受新知识。为提高员工的工作能力，培训是一条捷径。

例如，西门子公司特意成立西门子管理学院，培养员工，效果显著，值得效仿。当然学习的方式是多种多样的，传统的授课方式、老员工带动新员工的“结对子”以及企业内部的竞赛等，都能促进员工工作能力的提高。打造学习型组织是一个漫长的过程，也是一个潜移默化的过程，企业首先要释放出这样的信息，为员工创造学习的环境，例如送员工参加外部培训学习、内部组织技术交流会等，让员工逐渐爱上学习。

把事情第一次就做对，时间代价最低

每一项工作的要求都是严谨、细致，虽然出错在所难免，但还是要争取第一次就做对，这样可以减少追溯的时间，直接投入下一步的工作。有的错误可以追溯，有的错误却会造成不可预估的损失。

火箭和卫星发射，就是精算的结果，不能有一丝一毫的差错，否则所有努力和心血就会付之一炬。

在企业里，总会出现这样那样的错误，文员可能打错字和标点符号，销售人员可能忘了带资料或者名片就去拜访客户，财务人员可能出现账目不平的情况，生产车间可能出现较高比例的残次品，等等，这些大大小小的失误都会影响工作效率。

为了预防这些错误的出现，可以学习以下工作技巧：学会做工作笔记，记录下常犯的错误，以及做每项工作时需要注意的事项。比如，在打印文件时，一定要注意标题的字号、字体，正文的字体、字号，页码、页眉以及版面的页面布局设置，打印之前还要先预览，以免出现错误，浪费时间和纸张；发邮件时，要特别注意是否添加了附件，否则发过去的就是空邮件；接到会议通知，要提前检查是否有时间上的冲突，是否有其他部门使用会议室，准备好会议所用的物品，如投影仪、幕布、激光翻页笔，等等，投影仪要提前试好是否能正常运作。

培训主管小丁就曾在细节上犯过错误。因为投影仪每次都使用无误，所以在通知各部门主管开会后她也没有提前试用投影仪。等主管全部到齐，需要投影仪播放文件时出现了故障，电脑和投影仪根本无法连接。手忙脚乱折腾了半天仍然无法连接，只能让主管先进大卖场去参观。

为避免错误的发生，事先要做一些预防工作，为善后做好准备，以免不良影响扩大。很重要的一个方法就是建立“可追溯系统”，如今很多企业已经在使用这样的方法。网络品牌“三只松鼠”就是靠着这套“服务的可追溯系统”收集用户体验，落实各个部门的执行改善情况。具体执行情况：他们建立了品质追溯系统、服务追溯系统。服务追溯系统在用户发生投诉后，就可以最终追溯到具体的员工身上。而且为配合系统的执行，他们专门成立了“CEO 用户体验中心”。一家网具厂，也在可追溯服务上下了功夫。为了追溯每张网的质量，他们要求当值的工人要在自己所负责的机床织完网具后，在网上系上一张“飞子”，就是一张小小的白布条，上面写着织网时间、织网的机床号，再配合值班记录，即使网具卖到客户手里出了质量问题，也可以靠着小小的“飞子”追溯到具体的责任人。

运用现代化技术工具提升效率

科学技术突飞猛进，企业也要与时俱进。

如今，办公自动化已经逐渐取代传统的办公方式，电脑、打印机、扫描仪等办公设备占据了办公空间，作为员工就要熟练掌握这些办公设备的使用方法。Word、Excel、PPT 等基本办公软件的使用是基础，PS、AI、ID 等制图软件也需要涉猎。财务部门也打破了传统的手工记账，进入会计电算化时代，熟练掌握用友、管家婆、金蝶等财务软件，可以帮助财务人员提高工作效率。尤其行政管理人员要及时更新自己的操作能力，为提高工作效率不断学习新技能。比如，将扫描文件变成 Word 文档的方法，掌握之后就会省去打字的时间，提高了办公效率。作为行政管理人员就要随时关注办公自动化的升级和改进信息，为自己的工作寻找便利和捷径，并在公司内部推广开来。

当然，除了这些电子工具，还有其他工具可以使用。每个人的手机上都有备忘录和闹钟，如果有重要事件需要做，不妨给自己设置一个提醒，这样就不会忘记。比如，时间管理软件中的 365 日历，既可以分层管理事务，又可以共享时间安排，同时可以实现手机、平板、电脑同步更新信息等功能；再比如，有道云笔记、百度云盘、印象笔记。

第五章　系统式思考，优化工作顺序

当你拿到工作任务或者翻开工作日程安排表的时候，思绪就开始运转了：这么多工作任务，该从哪里入手，先做哪一件，后做哪一件？优化好工作顺序，是一种有效的工作手段。眉毛胡子一把抓，是很多职场工作人员的工作写照。不分主次，不分轻重缓急，工作效率怎么能提高？把你的工作任务想象成一盘棋，系统地考虑先走哪一步，会帮助你提高工作效率。

好的方案，一定与企业现实资源相匹配

每一个计划和数字，都是精确推算出来的，否则不但无法成事，还可能误事。

有的企业营销推广可以动用一线明星拍广告，广告费用动辄上百万，上千万，有的企业若是这样做，估计就得倾家荡产。资源不同，行销方案也必须实事求是，与资源相匹配。否则一是浪费财力物力，二是无法达到预期目的。但凡能请得起一线明星代言的企业，其总体实力是强大的，从外包装到产品质量本身，以及它的主体诉求，都在表达

“高大上”的信息，这也决定了它的目标顾客群体以及它可得的利润。普通企业如果硬要撑场面，广告上去了，广告费也花了，但是商品整体形象上不去，顾客可不会买账。

与资源相匹配，在日常的接待上也可以得到很好的体现。通常企业的接待制度或者流程会明确规定，接待什么级别用什么规格。比如，一家公司的接待流程规定：公司接待根据对象的级别和重要性，划分为三类：一级接待、二级接待和三级接待。一级接待指国家副部级以上领导，市党政主要领导；二级接待指县级党政领导、总局主要领导、各股东公司主要领导；其他接待对象统一为三级接待。在费用标准方面：住宿安排：一、二级接待，市区内四星级酒店（市宾馆、华澳）；三级接待，市区的四星/三星级酒店或经济型商务酒店。餐饮方面：一级接待，费用标准不限；二级接待，每人 150～200 元人民币（酒水另计）；三级接待，每人 50～100 元人民币（酒水另计）。为什么这样规定，而且规定的非常细致？因为不同身份的访客对于公司的意义不同，公司也要用不同的方式对待。否则一律按一级级别对待，公司的公务招待费用不知道要高出多少倍，都按三级级别招待，对于重要访客又显得不够隆重和重视。所以不管是总体的制度和方案，还是个别的方案，都要与企业的现实资源相匹配。

按规律做事，“规律”比“规则”更重要

曾经读过一篇文章觉得讲得很好，“复制比创新重要”，它告诉我

们规律的重要性。企业要想长远发展，就要按规律做事，“规律”比“规则”更重要。建立规则固然重要，但是规则只能起到规范、引导和约束的作用，没有太大的指导意义。规律则是经过很长时间沉淀、经过验证而总结出的，具有指导性和借鉴、参考意义。每个企业在发展的过程中，都会形成自己的一些经验和教训，它告诉我们每件事都是有规律可循的。规律可以是企业的规章制度，也可以是企业的流程。流程一般更能体现事情的规律性。例如，接待客户的流程如下。

1. 来访接待

（1）热情周到：做到来宾来了有迎接，离开有欢送。有问必答，百问不厌，耐心讲解，不怕麻烦。

（2）认真倾听：来访办理的事情不论是否对口，不能说“不知道”“不清楚”，认真倾听来访者的意图和要求，如果是自己工作范围内的事情，要及时、热情帮助办理，不是自己范围内的要热心引导，快速衔接，为来访者提供准确的联系人、联系电话和地址或引导到要去的部门，并沟通好相关事宜。

2. 来宾接待

（1）接受任务：按照相关部门领导指示接受接待任务。

（2）确定来宾情况：提前了解来宾的人数、身份、性别、来访日期、交通工具的班次与具体到达时间、来访的主要内容和日程、返程日期与交通工具等。如果能了解来宾的喜好更好，便于安排就餐和住宿。

(3) 制订接待计划：按照来宾的数量和身份及公司领导的要求制订计划，包括接待规格、日程、经费、人员、任务分配等，经领导批准后落实到相关人员准备办理。

(4) 接待事宜：按照领导审批的计划预订住宿房间和餐饮安排；由预先安排的人员负责迎接；确认日程后各个相关部门陪同参观访问。

(5) 送别客人：客人访问结束，行政部门人员应提前代办车票机票并将客人送至车站、机场。

(6) 接待总结：接待结束后，对本次接待工作进行总结存档，作为以后的工作参照，并向领导汇报本次接待活动。

有了这样的流程，任何人只要按照接待的流程去做，基本不会出错。同样的，其他部门的工作也可以提前制定工作流程，尤其是跨部门的工作协调。有了流程就有了指导。一般公司内的组织结构图，都是纵向的结构，上下级的直属关系明确，沟通和汇报也比较容易，而部门之间则没有直接的从属关系，所以流程就是部门间沟通和协调的工具，至关重要。

做好预防，让某些事永远不发生

做好预防很重要，但是很多人往往没有意识到。从扁鹊三兄弟的故事我们可以看出很多道理。

> 扁鹊有两个哥哥，三兄弟都精通医术。大哥医术最高，二哥其次，扁鹊在三兄弟中是最差的。大哥能在人还没有生病的前兆时，预测到病，并及时预防，但由于没有生病的迹象，所以大家认为自己很健康，不相信自己不久的将来会生病，都认为扁鹊的大哥是骗子。二哥能在人有一些生病的迹象后发现病的严重性并及时医治，但由于刚发病，病情很轻，大家或者不医治，或者以为是小病，即使二哥将他们的病治好了，他们也认为医生能治好这种小病是再平常不过了，故也不觉得二哥的医术有多高明。而扁鹊只能在病人病入膏肓时才发现病情，并医治，由于人已病入膏肓，在扁鹊的医治下恢复，人们认为他是神医，能起死回生，故认为扁鹊的医术最高。所以三兄弟中唯有扁鹊出名。

其实企业里很多问题也是这样的，人们宁可在问题出现后或者造成影响后才去采取措施，整天忙着做消防员四处灭火，焦头烂额终于把事情解决，觉得大功告成，却不知道把事情扼杀在摇篮里，更加节省人力物力。当错误没有发生时，发现苗头及时整改，接下来的不良影响就不会出现，如果放任事情发展到最后，可能会一发不可收拾。

行政管理者担任的角色，除了处理，还有预防，要管，更要理。公司建立规章制度，其实就是一种预防措施，在发生错误的行为之前，导正各项行为，所以一定要建立规章制度、流程，并在公司内部宣传学习，让每个人都熟知制度和流程。除此之外，亡羊补牢，为时不晚，发现问题，解决问题之后并没有结束，还要学会以此为鉴，犯过的错误尽量不要再犯第二次。

有的公司会以员工犯错的错误，编制“错误百科全书”，让大家知道该项错误是怎么发生的，造成了何种影响，会得到什么样的处罚，等等，以此警戒员工，阻止错误的二次发生。以其中的一个案例为例。

时间：2011.4.5. 地点：海天店	
事件：茶叶损失	茶叶事件陈述： 1. 一男子与一女子在海天店购买价值十几元的茶叶一包，价值200多元的茶叶一包。 2. 躲开监控，两人将十几元的茶叶价签撕下来贴在200多元的茶叶上。 3. 收银员结账时，没有发现异常，致使该男子将茶叶顺利带出。 4. 茶叶促销员调销量，发现了异常。调出监控，查到了该男子的异常行为。 5. 因为没有当场抓住偷窃者，损失没有挽回。 6. 茶叶事件已经发生2起
事件：玩具损失	玩具事件陈述： 1. 一名偷窃者将一架遥控飞机连同遥控器偷出卖场。 2. 玩具的包装是一个大包装盒内分两个独立的小盒，分别装飞机和遥控器。 3. 偷窃者要把飞机和遥控器从小包装盒和大包装盒里拿出来装在自己的包里，整个过程需要一定的时间，但是没有任何员工发现。 4. 现场只剩下空的玩具包装盒
损失	两项事件，导致公司损失400多元
总结	通过茶叶事件，可以得出以下结论： 1. 由于今年开始出现用工难，员工流动性大，大部分收银员都为新员工，在业务上不熟悉，对某些注意事项没有足够的警觉性，导致偷窃者更加顺利地偷窃商品。因此，对新入职员工的入职培训迫在眉睫。人力资源部必须事先对新员工做好岗前培训，新员工方可上岗。同时店内要对新员工加强实践培训，与人力资源部做好理论与实践的配合，加强对新员工的培养。 2. 防损不仅是安检的工作，更是全体员工共同的职责。尤其在促销员下班之后，店内各部组只剩下为数不多的理货员，必须加强警惕，禁止聚众聊天。工作期间，多注意商品的防损

有了这些前车之鉴，各个部门都能从中汲取经验，进而改进部门工作的不足之处，为公司挽回损失，降低管理成本。

行政人员要有帮 CEO 解决问题的勇气

由于销售部门经理突然离职，带走了几个业务员，导致公司措手不及，人心涣散。公司总经理找到当时任职部门主管的王振，问他愿不愿意接受代理部门经理的职务。大家都知道前任经理留下的是一个烂摊子，工作没交接，资料也不知道是否齐全，还有几个人心惶惶的员工要安抚，工作实在不好开展。但作为部门主管的王振毅然接受了总经理的临危授命。接手工作后，他先召开了部门会议，开诚布公地同员工促膝会谈，获得员工的支持，安定人心。然后整合资源，梳理部门急需要做的工作，并落实到个人：一是要马上整理部门本年度所有合同及重要文件，缺少的要想办法补齐；二是要立刻联系所有客户，说明情况，防止有不利于公司和客户的情形出现，获得客户的支持票；三是立刻分析之前的待办事项，是否执行以及执行到什么程度，等等。通过几天的奋战，终于把各项工作捋顺，走向正轨。通过本次救急事件，王振向公司展示了他的管理才能，以及他不畏困难的勇气，帮助公司渡过了难关，经过总经理提名，总经理办公会议全体通过，王振被正式任命为销售部经理。

从以上案例可以看出，行政人员要有帮助 CEO（首席执行官）解决问题的勇气。这个世界总是有付出才有收获，职场上更是如此。不要惧怕挑战，挑战很多时候都伴随着机遇。在帮助领导解决困难的时候，为了解决困难，你会为解决困难寻找各种可行的办法，收集各种资料，还可能寻找更多的人脉。这个过程，其实是一个很好的学习和快速成长的过程，积累了经验，也扩展了人脉，丰富了自己的职场生涯。

每个职员都有自己的工作范围和权限，一般情况下，自己权限外的工作需要请示领导，经领导审批后方可办理。如果领导不在，该办的事情还很紧急，该怎么办？一是打电话请示，得到领导的许可后执行。二是如果领导人在国外或者其他不能联络的情况，可以根据自己的判断和经验，做出迅速反应。不要害怕承担责任，有担当才有成长的机会。如果一个企业的员工离开老总就无法开展工作，那也证明这个公司的行政管理工作没有做好。有一家连锁超市，老总每年去国外旅游一个月，而且主管级别以上的员工也有公费旅游，大家一走就是好几天，各个门店和部门的工作依然照常运转，这就是一个健康的组织，行政管理工作也算是做到位了。当然也不是领导们全体一走放羊吃草了，具体的做法是：在每个部门和门店选派一名临时代表，全权负责管理本部门的工作，让大家依然有个主心骨。

大家好，才是真的好

企业里永远不提倡个人英雄主义，这是每个员工都要注意的。因为企业代表的永远是一个集体，是一个利益共同体，大家好，才是真的好。

有一个漫画，画的是一个人跌倒了，出现不同的结局：一个是被队友扶起来，一个是被人踹。当你跌倒时，你想被人扶还是被人踹，都取决于你平时的作为。企业内部，员工之间要有团结的意识和凝聚力的意识，互帮互助，而不是互相拆台。“老乡见老乡，两眼泪汪汪”，是因为他们有着同样的家乡，同样的水土和语言。

同事每天朝夕相处，要有分享和共担的同事情谊。同事不是敌人和竞争对手，而是并肩作战的伙伴，应该有共同的目标和信仰，那就是共同努力，提升效益。当企业发展了，个人的平台也宽广了。有句“名言”——不怕狼一样的对手，就怕猪一样的队友。在一个团队中，必须齐心协力，共同发展，否则单凭一己之力，是无法在竞争中胜出的。

在销售中有一个案例，叫作“一锤子买卖”，讲的是一家安全玻璃公司销售人员销售安全玻璃的故事。这家公司有一个金牌销售员，每个月的销售额都比别人高。当部门要求分享成功经验时，他告诉大家，他的包里除了装有安全玻璃的样品，还装着一把锤子。当客户没有完全信任时，他就会用锤子现场砸玻璃给客户看，以此向客户展示产品的品质和质量。后来公司所有销售人员都装了一把锤子。一个月下来，销售额增长不少，但是依然是金牌销售员的销售额最高。原来他还有秘籍，那就是让客户亲自拿锤子砸玻璃，亲自体验产品的质量。

学会分享，不要害怕自己的知识和经验被别人学会，因为在别人学习你的经验时，你也能学习到别人的优秀技能。如此一来，整个企业沉浸在学习和分享的氛围中，就会打造出学习型组织，长期耳濡目染，大家都会进步，团队的战斗力也会与日俱增。

有了坚不可摧的团队，当然也就不愁业绩，不愁没有高薪，个人的价值也能得到体现。而且当企业面对激烈的外部市场竞争时，内部还要钩心斗角，企业不用谈发展就从内部崩溃了。企业喜欢能凝聚人心、团结人的员工，不会喜欢拉帮结派的员工。良好的职业道德，有助于个人职业生涯的发展。

第六章　会议成功的关键

提到会议，很多人会深有感触，那就是很容易昏昏欲睡，尤其有的领导或者同事侃侃而谈，长篇大论，思维一再发散，飘远了又拉回来，明明一个小时的会议，非要开成三四个小时。很多公司的会议会开成这样：发言者高谈阔论，听众有的人走神了，有的在会议记录本上画画，有的人睡到笔都掉到地上……

如何防止这样的情况出现？第一，要选定一个会议主持人，全部的参会人员都要听主持人的指示。主持人宣布每一个议题的开始与结束，把握好时间。第二，为防止参会人睡着，可以不要提前指定会议记录人，等会议结束再宣布由谁做会议记录。

弹性的会议时间

开会是为了召集相关人员商讨一些事项，但是过多的会议、冗长的会议只会让人厌烦，而且也会影响工作时间。尤其是比较忙碌的公司，会议开得频繁了，就会造成员工的反感，进而影响员工的工作。所以，弹性的会议时间是必要的，任何会议的前提都是不影响正常工作，否则就会得不偿失。

有一家电子企业，主要经营音响设备的销售、出租、大型活动的现场音响布置、会议室的音响设备等，主要业务包括销售、安装、采购和售后服务，开会基本是很奢侈的行为。要召集开会，会很伤脑筋，不是这个销售人员出去谈业务了，就是那个技术员出去安装设备了，再不然就是技术员接到客户的电话去维修设备了，特别是大型的晚会现场布置，基本上所有技术员都到现场去了。要是会议时间定死了，估计很难开成。所以公司基本只开几次会议，如年度会议、年中会议、针对某个事件的研讨会，某个部门提出的会议需求，而且会议时间也不定死，先大概确定一个范围，哪天有时间哪天临时通知。这样，既能保证公司的正常运转，各个部门适时交流，也能保证大家的工作时间不受太大影响。

先做数学题，后做语文题

几乎所有人都认为会议就是讨论，是形成最后的文件，就是语文题。其实不然，会议要先做数学题，后做语文题。

首先，会议要探讨几个议题，要有几个部门的几个员工参加，需要准备几个人的会务工作，会议可以控制在几个小时之内，等等，都需要提前计算好。其次，要规范会议时间，三点开会就要准时开会，强调会议的纪律性，不能到了时间，10 个人的会议只到了 5 个人，拖拖拉拉会议肯定开不好。为了达成会议记录，就要有相应的奖惩。一家装饰公司对会议迟到者有处罚规定，每人罚款 20 元，会上手机铃响罚款 10 元，这些罚款将会作为行政部门的活动经费。

会议有几个人参加，要打印多少份文件，是不是利用投影仪播放的方式更加节约纸张？或者提前把会议议程等发送到相关人员的电子邮箱？根据参会人员的数量，决定是不是需要提前打印签字页，否则会后再去找人签字，费时费力。一家股份公司，自然人股东 17 人，法人股东 3 家，每次开股东会有 20 人参加，而且有本地的，还有外地赶来的，如果事后再打印签字，很浪费时间。有过一次惨痛的经历后，行政管理人员提前打印好单独的签字页，让参会者当场签字，然后再打印文件附上，减少了很多时间。

有了这些前提，会议才能成功召开。

开好会议的五个技巧

要打破员工对于开会的消极态度，开好会议，需要五个技巧来化解员工的抵触心理。

1. 建立开放的氛围

开会的目的就是沟通，广纳建议，建立开放的氛围，让参会者畅所欲言，积极讨论，有助于活跃会议气氛，打破昏昏欲睡的会议状态。有的公司直接将会议桌改成圆桌，开成“圆桌会议”，不分主次，鼓励大家积极发言。现在的公司“80后”、“90后”逐渐占了主场，他们的性格外向，追求自由平等，建立开放的氛围很有利于他们敞开心扉。

2. 完善信息的采集与分析

信息的采集与分析，要从两个方面展开。一是与会议召开者沟通，了解召开会议的基本信息，如会议时间、地点、参会人员，还要了解会议的深层信息，如会议的议案、议程、会议最终可能达成的决议，需要准备哪些材料和做哪些会议准备，如是否要用到投影仪、激光笔等现代化会议工具；二是与相关部门沟通，这些相关部门包括有可能使用会议室的部门，提前沟通后，以防止会议安排撞在一起。首先，最好是行政部门制定会议室使用登记表，这样管理起来比较方便。其次，会议组织部门的相关人员，告知他们要于哪天使用会议室，要求提前收拾好会议室卫生，准备会务工作，包括准备瓶装水或者纯净水、纸杯、纸巾、烟灰缸等。最后，要与参会者提前沟通，通知会议时间、会议地点，确认是否能准时参加会议，再统计确定能参加会议的人数，与会议组织者联系，准备会务。会议结束后，还要确保会议室干净整洁，关好门窗。

3. 让每个人都感到自己受欢迎

会议要讲究人人平等，自由协商。这里可以借鉴头脑风暴会议的做法。具体操作如下：第一步，会议主持人宣布需要讨论的主题后，每个人必须提出自己的看法或者建议，不论对错，任何人不得打断。主持人对每一个人都要表示感谢。第二步，针对大家提出的建议或意见，展开可行性的研究分析和讨论。这样每个人都能参与进来，而且即使提出的建议不被采纳，也不会被人指责和嘲笑。而且更有利于集思广益，激荡脑力。

4. 最大限度地使用技术

现代的会议已经不是过去的大家围坐在一起，干巴巴地讨论，各种先进的辅助设备都可以使用。投影仪、视频播放、写字板等都可以丰富会议的方式，让会议不再枯燥。

5. 结束与细致的总结

会议前面开得很成功，后面仓促结束，不了了之会让人感觉头重脚轻，而且也不能让大家有个系统的认知。就像看电视剧，前面精彩万分，结局草草结束，让人感觉惊愕和不知所措。会议所有流程进行完毕后，一定要对整个会议做一个细致的总结，梳理会议重点与最终形成的决议，加深参会者的印象，为会议画上圆满的句号。

擅作会议笔记的人会受重用

小林所在的公司因为效益不佳即将倒闭，在召开的董事会上，小林负责做会议记录。董事长发现小林在会上使用笔记本电脑直接做会议记录，打字速度很快，会后立刻就将会议记录打印出来，对小林印象深刻。公司解散后，小林被董事长“钦点”到集团公司工作，参加了之后新公司的组建工作会议，可研报告修改等工作会议，因为反应快、打字速度也快，得到了领导的赞赏。之前的同事很多被遣散，而小林则是越干越受重用。公司的股东大会、董事会会议记录、概要、会前的议案等都是由小林来撰写。小林在这一过程中不断学习新的技巧，越来越得心应手。

每一次会议都需要专人做好记录，会后印发给相关人员，传达会议精神和内容，还要归入档案作为会议文件，为以后的决策等提供依据和参照。因此，会议记录非常重要。

会议记录既要全面记录会议的内容，不能遗漏任何重要信息，也要精简会议内容，不可把每个人说的每句话都记录下来，记成流水账。

那么，该如何做好会议记录和纪要呢？

第一，会议记录和纪要都有固定的格式，提前要拟好格式，比如拟好标题：××公司2015年度第一次总经理办公会或者××公司××项目前期工作推进会议。股东会议或者董事会会有更严格的要求，一定要记录好这是本年度第几次会议，以免打乱了会议次序，如××公司2015年度第一次股东大会会议决议或者纪要。标题下面要记录会议的时间、地点、参会人员、记录人员、会议议题或议案等。接下来就是会议记录或纪要最重要的部分——会议内容的记录。我们上语文课的时候老师都教过提炼中心思想，会议记录就是记录主题思想和发言人要表达的主要意思，以这个基准来记录就不会跑偏。

会议记录需要以下几个技巧。

1. 要快

记录慢了就会跟不上发言人的速度，容易遗漏会议内容。若是使用传统的手写记录方式，就要学习速记法，比如跳字法。例如，“我们要坚决遵守公司的规章制度，尤其是安全管理制度，必须严格按照制度执行，保证施工现场的消防安全和人员安全”。这句话可以速记为“我要坚遵公的规制，尤是安管制”。对于比较有把握的字句，就可以这样跳着记录，会后再将缺的字填空。如果可以用电脑直接记录会议内容，当然是最好的。那就要求打字速度一定要快，把平时淘宝和玩游戏的时间用来练习你的打字速度，你一定会收获颇丰。电脑打字的优点体现在：修改方便，可以随时插入内容；节省会后再输入的时间，直接修改后送交领导审核，待领导审核后稍作修改就可以印发了。

2. 学会借助现代化的工具

对于比较重要的会议，如果没有把握记好，可以使用录音笔或者其他录音器材录下来，会后再整理归纳。不过此种方法最好不要大张旗鼓地使用，以免引起参会人员的反感。

3. 学会梳理会议内容

会议记录和纪要都不可能长篇大论地记录，这样的文件发给别人，别人会无法很好地领会会议内容和精神。会议记录或者纪要要语言精练，图文并茂，便于理解。比如，会议记录可以列出本次会议的三大议题，每个议题达成了何种决议。某项工作由何人负责，于何时完成，完成的质量要求，等等，都要在会议记录中加以体现和证实。如有多项工作要落实和执行，可以加入近期工作行事历表格，以便阅读者更好地查看了解工作内容。

序号	事项	执行人	完成时间	具体要求
1	施工方进厂	黄×	2015. 11. 19 日前	联系施工方，确保施工现场三通一平，指挥部已经建好
2	1 号车间建好	刘×	2015. 11. 20—2016. 2	非标场地建好、车间完成、相关配套设施如电力、院内硬化等准备完毕
3	设备安装	林×	2016. 3—4 月	设备提前联系安排好，联系对方技术人员全程陪同做技术指导，其他工作人员协调配合

有了这些会议内容，可以保证会议召开的有效性和时效性，保证各项工作得到落实。还有就是要学会提炼会议的主题，比如会议提出了哪些问题，又提出了哪些解决方案，最后决定采用哪些方案，如此一来，会议精神就能很好地被传达，引起重视，落到实处。

会议记录、纪要要确保时效性和准确性，不允许拖延和有错别字、错句，在会后要立刻打印会议记录并分发到相关人员手中，以免耽误工作的开展。会前了解会议议题、会后咨询有关领导，都有利于精确会议记录内容。

做好会议记录，关系着一个时期企业的工作安排及落实情况，因此，做好会议记录的人，有可能因为一把好的笔杆子而受到重用。“不怕千招会，只怕一招绝”，凭借这一项也可能会得到更多的机会。

做好简报的三个关键

有时候企业为达到一定的宣传目的，会撰写简报。做好一份简报需把握三个关键。

1. 拟好标题

拟好标题，要确定一个目标，即听众或者读者能从该简报中了解什么内容，一个好的标题很容易抓住听众的耳朵和眼球。然后针对标题展开叙述，紧紧围绕标题发散。标题同时也为正文提供了方向。

2. 找准视角

读者或者听众对哪些方面比较感兴趣，就选取什么样的视角。迎合大众是撰文者的选题方向，否则遭遇冷落就无法达到宣传的目的。分析听众或者读者的群体，主要由哪些人员构成，他们的学历层次和理解能力如何等都是需要了解的。

3. 挖掘素材

首先要规划一下简报，准备从哪几个方面进行阐述，撰写一个大纲，剩下的就是添枝加叶了。收集相关资料，整合资料，最后加入大纲的框架中。经过修改和校稿后，基本就可以定稿了。

比如，一家水上乐园的端午节赛龙舟活动，一共设置三等奖，一等奖 1 万元现金，二等奖 5000 元现金，三等奖 3000 元现金。赛后由 × × 队获得一等奖，针对该项活动要求写一篇简报，如何拟好标题？除了对参赛队伍的好奇，大家更关注奖项被谁摘得。因此标题可以写成“百舸千帆总干渠，× × 队力拔头筹”，既宣传了水上乐园的位置在总干渠，又满足了读者的好奇心。

上面的是对外的宣传，关于对内的宣传，有些企业会有专门的网站或者宣传栏，用于宣传公司的大事件，让员工了解企业风貌和工作进展。××公司落户×地工业园区，受到当地领导的大力欢迎。为表重视，该地县长率领领导班子成员到该公司施工现场参观指导。针对此事，写一篇简报，标题可以就事论事，写成“××领导一行莅临施工现场参观指导”，内容可以附上几张现场拍摄的照片，然后是年月日，某某人到某某地参观考察，与公司领导交流哪些内容，并做出哪些指示。最后是通过此次活动，达到何种目的。

第三部分

观念转变工作状态

调整好

心理准备

工作

就会惬意许多

企业行政工作需要与时俱进，需要根据企业战略和工作环境不断转变思想认识，刻舟求剑绝对求不到剑。只有观念转变了，工作思路和方式才能更加适应客观要求，才能更好地为企业的战略决策提供最大正能量。

目前我国正处于经济转型期，企业都在转型升级，企业的行政工作也必然面临新的变革。企业运营模式变了，甚至产品结构和人员结构都变了，那么行政保障工作也要跟着变，不变就会阻碍企业的发展。行政部门有必要建立定期不定期的集体学习制度，统一思想认识，研究工作思路，使企业行政部门始终处于企业文化的前沿阵地。

第七章　观念变了，枯燥的东西也会变有趣

职场中人都经历过由职场“新人”变成“老人”的过程，这一过程的观念变化是微妙的。每一个初入职场的人都是热情高涨，对工作充满干劲和新鲜劲儿，认为自己一定会做得很好。刚进入一家公司，正处于试用期的员工工作态度也是一样的。然而工作是枯燥的，日复一日，年复一年，重复同样的工作，逐渐磨掉了当初的那种热情，很多人变成了“老油子”，学会了互相推诿、扯皮、偷懒等坏习惯，养成了消极的工作态度。

怎样改变消极的态度，把枯燥的工作变有趣？有句话值得借鉴：生活给了你柠檬，你就把它变成柠檬水。酸涩的柠檬做成柠檬水，加入蜂蜜，立刻变得酸甜可口。工作也是一样，再好的工作，长期下来也会变得无趣，所以试着改变观念，让枯燥的工作变得有趣，这样既能让自己保持工作热情，爱上工作，实现个人价值，又能为自己的职场生涯助力。

工作前，先来一点自我暗示

任何工作都是有保鲜度的，过了保鲜期就会索然寡味。工作前，不妨试试阿Q精神，自己“骗骗”自己，给自己来点自我暗示，而且必须是积极的暗示，克服“不想干、想推托、想拖拉”等不良态度。在黄金的72小时内，这种暗示可以帮助员工激发工作热情，让员工保持一种攻克难关的干劲。有的人看待工作，就只是一个谋生的手段，抱着完成任务的心态。有的人却把打工当成自己的事业，不单单是做事情，而是在做事业。最后的成功者是谁不言而喻。对待工作的态度，会决定你是永远做普通打工仔还是青云直上、职场得意，做到“打工皇帝”或者自己当老板。

当你接到一份工作的时候，你要想，这是领导对我的信任，我一定要保质保量完成，没有工作可做就离下岗不远了。有句话叫“莫到无时想有时”，不要等到下岗了才去珍惜工作。接到比较困难的任务，更要相信，是领导信任我的工作能力，相信我可以完成这个任务才交给我，一定要想尽办法去完成。而且，在完成工作突破的过程中，也可以实现自我的突破。这种积极的自我暗示，可以让自己的不情愿降低，从而愿意主动工作。永远记得天下没有免费的午餐，只有付出才会有回报。

研究生毕业的小何，总觉得自己在公司里高人一等，不愿意干行政部那些没有技术含量的琐事。部门主管看到她眼高手低的态度，和她进行了一次谈话。告诉她行政部门的工作虽然琐碎和细小，看起来微不足道，但是却是整个公司的后勤保障，保证了其他部门工作的有序开展，工作是没有尊卑贵贱之分的。小何听完后试着改变工作态度，告诉自己我的工作很重要，之后逐渐掌握了部门的工作诀窍，理顺了工作思路。

作为媳妇，长得“漂亮”也要时常“涂点粉”

没有最好，只有更好，即使现在的状态是很好的，也要不断与时俱进，不安于现状，否则，不进步就是退步。社会的发展日新月异，信息的更新更是分秒必争，每一次的松懈和原地踏步都会把企业推向灭亡。作为媳妇，长得漂亮也要时常涂点粉。企业也要时时更新和修订制度、流程等工作体系，让企业更快更好地发展。企业要发展，复制很重要，创新也必须要有。最初的养鸡，都是通过母鸡孵小鸡来实现繁殖，周期长、数量少，无法实现大规模的繁殖。经过研究发现，孵小鸡并不是必须通过母鸡，只要有足够的温度，就有可能孵出小鸡。通过实验，最终实现了保温箱育鸡技术，大规模的养鸡场于是出现，满足了人们日益增长的需求。

对于企业来说，每天改进一点，长久坚持下来，企业的管理就会好很多，每天解决一个小问题，时间长了，就能帮助企业解决大问题，把很多不该发生的事情扼杀在摇篮里。

某企业一直沿袭传统的薪酬制度，对同行业社会平均工资调查后就形成了本公司的薪酬制度，没有考虑人员定编及多劳多得等具有激励性意义的薪酬制度的重要性。所有员工干好干坏都一样，一开始大家都各司其职，后来发现干的没有自己好的人也和自己的工资一样，心理就开始不平衡，工作态度一变，工作效率也降低了，导致公司整体业绩的下降。人力资源部经理通过谈话、实地调研等方式找到了原因，“民不患多寡而患不公”，每个人都希望自己的付出能得到同等的回报。于是，人力资源部结合宽带薪酬及部门工作量等相关内容，重新修订了带有积极机制的薪酬制度，从而激发员工的工作热情，降低了员工的流失率，最终提升了企业的业绩。

每个人都要有成本意识

作为企业的员工，每个人都是这个利益共同体的组成部分，任何与企业有利益关系的事情都是与个人息息相关的，尤其是在支出方面。营业利润＝营业收入－营业成本－营业税金及附加－销售费用－管理费用－财务费用－资产减值损失＋公允价值变动收益－公允价值变动损失＋投资收益－投资损失，看到这个公式，我们知道，降低成本，减少费用，就是在提高利润，所以每个人都要有会计观念，从自己的工作做起，树立财务观念，不要偏执地以为会计只是财务部门的工作。行政管理工作涉及的费用很多，如招待费、采购费、维修费、过路费、加油费、差旅费等，每个人都可能会有相关的费用支出。在费用支出方面，有的人认为反正是花公司的钱，每次花钱都不会精打细算，甚至还有可能从中揩油。这样的员工虽然暂时获得了蝇头小利，却破坏了自己的长期职业发展。一旦被公司发现这些不合理的行为，就会得到相应的惩罚，甚至可能被解聘。

现在的市场竞争激烈，节约一分钱要比多赚一分钱容易。多从细节下手，就能找到很多节约的办法。在工作中，可以从以下方面落实会计观念：采购员在采购办公用品时，要货比三家，选择合适的供应商，并列入优秀供应商名录，建立长期合作关系，降低采购成本；需要出差处理的工作，要提前联系好相关办事人员，尽量一次办成，节约差旅费；司机要严格按照《车辆管理制度》使用公车，严禁公车私用，增加过路费和加油费等费用。公司财务制度也要严格规定报销流程和制度，控制费用的支出。

例如，对于车辆的管理很重要，有公车的公司都会做这方面的管理，保证车辆的安全和费用的合理支出。一般出车回来，当值司机都被要求填写“车辆行驶记录表”。

有了这个表格，并且规定报销费用必须附上此表并经相关领导签字，就能很好地对司机进行约束，控制车辆费用的支出。其他费用的支出也配上相应的约束手段，有助于帮助员工树立会计观念，降低企业成本。行政管理要在这些细小的工作上多下功夫，不要只寄希望于员工个人的自我约束，给员工提供漏洞可钻。

对群体要有归属心理

自人类社会形成至今，群居已经成为人类的生存状态。社会以家庭为最小单位，经济以企业的形式发展和推进，人类对群体都有着不同程度的依赖性。家庭中讲究“家和万事兴”，一家人共同努力，经营好自己的家庭。而在企业中，也要讲究凝聚力、向心力，每个员工追随同一个企业愿景和目标，共同努力，实现企业的最终目标。在企业中，企业和员工是共生的利益共同体，企业靠员工的努力完成业绩，员工靠企业这个平台提供就业机会。作为员工，一定要对企业有归属心理，全心全意投入工作，热爱企业，关心企业的发展，千万不要认为企业给我发多少钱我就干多少活，其他的漠不关心。需要加班就提出各种理由逃避，领取奖金就冲到最前面，表面上看，你好像是没有多付出，觉得自己心安理得，其实对于个人和企业的长期发展都是不利的。商场如战场，尤其是在市场竞争日益激烈的今天，企业面临的威胁和挑战是多方面的，企业可以说是在夹缝中生存，每天面临着被淘汰的危险。攘外必先安内，如果企业的内部是混乱的，内忧外患，企业必然会被淘汰。1999年2月马云创业初期，在将近两年的时间里没有任何收入，直到2001年才挣到第一个一元。在这期间，有跟随马云坚守岗位的员工，也有感觉太艰难而跳槽的员工。而后，马云和他的阿里巴巴开始蒸蒸日上，从2002年每年收入100万元，到2003年每天赢利100万元，再到2004年的每天缴税100万元，直到最新的数字，2015年“双十一”当天阿里巴巴就达成了912.17亿元的成交额。当初一起共患难的老员工现在已经是公司的元老，而那些对公司没有归属感的人可能在其他公司得到了更高的岗位，也可能依然默默无闻。

许多人对任职的公司没有归属感，认为公司就是个打工的地方，有了摩擦就会甩出一句“此处不留爷，自有留爷处”，但是现实可能会告诉你“此处不留爷，没有留爷处”。如果你对自己的工作单位没有归属感和融入感，那么在任何企业你都不会得到重用。这一点从许多求职者的简历中就可以看出，有些人毕业3年可能就换过5家以上工作单位，这样频繁跳槽的人通常很容易被淘汰掉，因为企业会考察员工的稳定性和归属性。

作为专业性比较强的专业，求职一般要求对口，某大学毕业的6名学生同时到一家单位实习。实习期间，小王对于工作很感兴趣，积极、虚心地向公司的员工请教、学习，不断掌握工作经验。在轮岗的过程中，他也一直在比较和观察哪个岗位更适合自己。等到实习期结束后，公司领导让他们发表看法和做出选择的时候，小王毫不犹豫地选择了人力资源部。根据公司的观察和考核，公司领导通过了小王的申请，小王顺利入职。小林则一到厂区，就开始挑剔，不是嫌公司太偏僻，住宿条件不好，就是工资太低，完全没有对公司产生归属感。公司基于马上要开新工厂的需求，留下了小林。因为新工厂筹建在即，公司资金周转不开，而且因为新入职员工处于学习和培养期，除了基本工资和餐补，公司没有发放其他补助。小王理解公司的做法，认为自己还有很多需要学习的地方，只要积累工作经验，以后工资一定会增加。小林则认为自己是大学生，居然只挣这么点工资，其他福利待遇也太低，不断地抱怨，并且挑唆其他同学，要求提高工资待遇。公司领导知道后，认为小林不能认同公司理念，不能和公司同进退，最终辞退了小林。小王则一直保持对公司的归属感，以公司为家，认同公司，理解公司的做法，几年下来，小王升任公司副总，而离职的小林则窝在一家小公司做会计。

谦虚是不可缺少的品德

中国有句古话："谦虚使人进步，骄傲使人退步。"骄傲的人总是认为自己有值得骄傲的本钱，但是忘记了中国还有句话："三人行，必有我师焉。"工作从来不是单枪匹马完成的，要依靠部门间的合作。在工作中，彼此身上都有值得学习和借鉴的地方，千万不要以为自己无所不能，骄傲自满。尤其是在知识爆炸的今天，每个人所窥探到的，只是某个部分的一角，还需要不断地学习和充电才能让自己更进步。放下身段，才能学到更多。很多企业会有传统的师傅带徒弟、"结对子"方式引导和培训新员工。而这些有资历的师傅，很可能学历不高，有些徒弟可能就会产生抵触心理，认为我一个大学生，还用你一个高中生教吗？但凡能称得上公司的老员工，能承担起培训员工的任务，都是在某方面有所成就的。学历或者你所认为的表面上的优越感，不代表真正的工作能力。很多毕业生来到企业，根本无法顺利完成工作任务。所以放下自己的优越感，谦虚一点，认真和别人讨教、切磋，有助于快速融入工作。

驾驭个人情绪，做脾气的主人

关于情绪，有一个很经典的“踢猫效应”：某公司董事长为了重整公司一切事务，许诺自己将早到晚回。事出突然，有一次，他看报看得太入迷以至忘了时间，为了不迟到，他在公路上超速驾驶，结果被警察开了罚单，最后还是误了时间。这位董事长愤怒至极，回到办公室时，为了转移别人的注意力，他将销售经理叫到办公室训斥一番。销售经理挨训之后，气急败坏地走出董事长办公室，将秘书叫到自己的办公室并对他挑剔一番。秘书无缘无故被人挑剔，自然是一肚子气，就故意找接线员的茬儿。接线员无可奈何垂头丧气地回到家，对着自己的儿子大发雷霆。儿子莫名其妙地被父亲痛斥之后，也很恼火，便将自己家里的猫狠狠地踢了一脚。这是一连串的坏情绪的传染反应，一个人的不愉快导致了整个链条的坏情绪。坏情绪会导致个人的工作效率下降，所以，情绪对于每个人的工作和生活都有很大的影响，控制自己的情绪，就会得到更好的回报。忍一时风平浪静，退一步海阔天空。

作为社会人，既要有智商，更要有情商，驾驭个人情绪，做脾气的主人，有时候这比智商更重要。有很多人总是被自己的脾气左右，无形中就被脾气牵引，最后该办成的事情没有办成，还有可能得罪别人，得不偿失。职场和商场不是亲人和朋友，不会有人也没有人有义务迁就和包容我们，所以唯有自控，才能让自己在职场中立足。职场中，可能产生矛盾的对象有领导、同事、客户等，每一个对象、每一种关系都是需要维护的，学会磨合、沟通，培养默契，有利于工作的开展。要想经营好一段关系，最好的办法就是投其所好，无论是对领导、同事或是客户。用心观察领导的喜好和习惯，选择领导喜欢的方式开展工作，有利于获得领导的赞赏和支持，哪怕是很小的细节。小潘的领导喜欢在Word里面看文件，因为他不太会操作Excel，所以即使小潘喜欢用Excel做表格，发给领导的文件也全都改成了Word格式，否则领导肯定会很困扰。与同事沟通要注意就事论事，一切为了工作，千万不要将个人恩怨带到工作当中。与客户沟通，要注意从双方的利益出发，以实现双赢为最终目的，求同存异，取得最后的合作，有矛盾和摩擦的时候，切记自己是代表公司的，一切要以公司利益为重，不可逞一时之勇，即使辩论赢了，失去了客户也是得不偿失的。

思想一致才能保障行动一致

人在职场，在企业的平台上谋求发展，就要归属企业、团结同事。大到认同企业的理念和愿景、企业的战略规划，小到和部门同事、其他合作部门同事保持思想一致，共同为企业的发展助力。唯有思想一致，才能保障行动一致，思想指导行动，实现共同目标。当个人意愿、思想和公司意愿发生冲突时，不要一味抵触，学会转变思想，换位思考，以及取舍，舍小求大，舍小家保大家。个人利益固然重要，企业的长远发展更加可贵。当你在企业打工时，企业就不只是给你发工资的人，还是你发展的平台和跳板。学会服从，看看《没有任何借口》（瑞芬博瑞著，中国青年出版社，2008 年出版）这本书，也许会受益匪浅。

现在的企业很多员工都是“80 后”、“90 后”，思想前卫、自我意识强，企业要学着改变管理理念，既能保证企业的长远利益，也要给员工自我成长提供机会。创造开放式的平台，在不同中求和，求得最终的思想一致。这是需要企业和员工共同努力才能实现的。

某公司为了保障新项目的顺利开展，将大量资金注入新项目，导致资金周转不灵，拖欠了两个月的工资。部分员工表示支持和理解，部分员工怨声载道。经人力资源部经理提示，公司老总召开了全体员工动员大会，向员工解释了目前的情形、新项目的重要性和进展情况，并承诺等国家扶持资金一拨下来立刻付清大家的工资。员工不仅不再抱怨，还报以全心全意的支持，新项目得以顺利执行，公司实现了跨越式发展。

可见，要想实现思想的统一，既需要员工的理解和支持，也需要企业释放诚意，给员工安全感，让员工有做主人翁的意识。

第八章 放眼未来，经营未来；往下扎根，往上结果

自从资源日益减少，环境破坏严重，可持续发展战略就被提上了日程。可持续发展，不仅仅是国家利益的问题，也是企业长远发展必须思考的问题。中国的创业者，一年之内垮掉一批，三年又会有一批销声匿迹，五年下来所剩无几，为什么？企业发展要放眼未来，才有可能有未来。企业创业初期，要学会扎根，打好根基，才有机会谈及长远发展。在发展的过程中，也要继续往下扎根，稳固根基，不能取得一点成就就飘飘然，忘乎所以。根基打好后，再汲取营养，力图开花结果。企业面临着内忧外患，大到全球性的金融危机，小到一个行业的破产，都可能让企业夭折，所以，稳固根基，谨慎发展，才是生存之道。

企业实现可持续发展，就要整合资源，确定经营理念和管理模式，上下齐心，立足于经营未来，才有可能像百年张裕那样，成为百年老店。

做“园丁”还是做“渔夫”

企业管理模式很重要。成君忆的《水煮三国》《孙悟空是个好员工》《管理三国志》阐述了两种模式：“园丁文化”和“渔夫文化”。这两种文化的内涵不难理解，单从字面意思就可窥得一二。园丁文化，园丁者，就像老师一样，师者，传道授业解惑也，就是培育者的意思。园丁，辛勤耕耘、播种，细心修剪，而后收获满园芬芳。它是创造者，创造过程既有索取，也充满爱和奉献。“园丁文化”更倾向于中国传统的儒商，崇尚道德与责任。然而这种文化越来越受到某种文化的冲击，这种文化崇尚索取和掠夺、力量与权谋，认为占有了资源就占有了优势，这就是“渔夫文化”。渔夫打鱼，并不是自己亲自饲养鱼苗，然后收获，他们更多的是依靠自然资源，直接占有。这两种文化孰是孰非？三国中，刘备爱才惜才，不惜三顾茅庐请诸葛亮出山相助，麾下更有张飞、关羽的鼎力相助。而曹操，虽手握精兵，却“宁可我负天下人，不可天下人负我”，甚至嫉妒下属才能而怒杀杨修。资源固然重要，然而使用资源的却是人，使用不当也无法如愿。

身处激烈的竞争中，资源必然是要争取的，但是对资源的管理也同等重要。“渔夫文化”和“园丁文化”也并不是完全对立和排斥的，可以相互弥补不足，共生共存，不必争个你死我活。对于企业来说，要为生存竭尽全力、用尽手段，但是一定要树立自己的经营理念，不可抛弃仁爱、奉献，不要忘记自己的社会责任。就像税收一样，要取之于民，用之于民，不可一味索取。资源有限，不思管理，竭泽而渔只会让自己断了后路。栽好梧桐树，才能引来金凤凰。

以企业人力资源管理为例，企业的人才管理，不外乎内部培养和外部猎头。有的企业遵从人才内部培养，认为人才只能从内部培养，这样培养出来的人才熟悉企业、了解岗位职责，当然用起来顺手。但是如果完全依赖于内部的培养，不引进外部的新鲜血液，也会让企业固态化，失去活力。而且自己培养人才必然费时费力，不可能一下子就培养成才。再来看看人才的完全空降。通过猎头挖过来的人才，存在三个问题：一是他能不能接受本公司的企业文化和工作氛围；二是他在之前的公司适应良好，但能不能很好地融入本公司的工作环境；三是本公司的环境能不能留住这个人才。但是这样的人才因为已经是培养好的，所以省时省力，这是他的优点所在。所以不能一概而论哪种方法更好。管理都是从实际出发，实事求是，寻找最适合企业的管理方法。况且，如果大家都直接占有人才，不去培养，人才从哪里来？“内部培养 + 外部引进”方可满足企业的长期用人需求。

竞聘助理职务中一句值得深思的回答

因在新员工培训、试用期期间均表现积极，四名新进公司大学生被确定为重点培养青年员工。这是一个影响职业生涯的重要拐点，大家都非常兴奋且紧张。按常规，第一道坎是做总经理秘书或助理 1～2 年，阶段性的里程碑就是升职为中层干部。经过了精心准备，大家如期参加了一年后的述职竞选大会。

当问及总经理秘书的核心作用时，大家的回答都非常官方，没有错，但却总觉得没有实际意义。而有一位青年员工的回答，却让与会的评委领导们沉默并深深认同。

“总经理秘书的职责是帮助大家完成领导交办的任务。”该员工如是说。

这意味着，长久以来秘书这个特别的职能被重新定义了。大家能想到的正面形象其实不多，大多数的情况是，秘书岗位总是以一副领导的姿态在催办很多工作。更有甚者，是以一个态度恶劣且不解决问题的“传话筒”形象存在。传递信息不传递情绪，解决问题而不激化矛盾，这是秘书的基本工作原则。而事实上，如果秘书能够完全站在事情本身角度出发，利用自己的职能优势帮助领导干部完成领导交办的工作任务，那就会形成一个非常良性的组织沟通环境，减少内耗，最大化利益，这是大家都愿意看见的。所谓职场正能量，实则是大家期盼一个内耗少，能做事情的环境。

这位员工最终脱颖而出入职总经理秘书。时隔一年光景，公司内部沟通机制非常良好，企业文化也随之增强，业绩上升明显。最后，该青年员工被晋升为最年轻的中层干部。值得一提的是，他是以压倒性的结果入选晋升，而且群众建设满意度调研为历史最高。

所以，秘书这类助理型的职能工作的本质是协助完成工作，不是单纯地传递信息。强调的不是形式，而是结果。

过度依赖优势，让人疏忽能力培养

每个人都会有自己的优势，因为“天生我材必有用”，优势帮助我们轻松完成某些工作，但也会助长我们的骄傲，让人忘形，忽略了能力的培养。让我们来看看优势和能力的区别：优势是天生的、不用努力就已经得到的天赋，比如，人的美貌和好口才、强大的记忆能力等，这些良好的外在条件让人在很多时候占了天时，能够比普通人轻易完成某项工作；能力则是需要通过后天培养，通过亲身经历、总结经验、学习等方法才能获得。能力是扎实的、不浮夸的，能够伴随一生的实用经验。占有某些优势的人，很容易被表象所迷惑，以为自己能力很强，实际上却是不堪一击，当优势失去了其所依赖的环境和条件，它也就不复存在。比如，某些人长得漂亮或者俊帅，遇到“外貌协会”的人，自然是无往不利，办事轻松，即使条件并不满足，可能也会被照顾，但是一旦遇到实事求是、坚持原则的人，就会惨遭滑铁卢。天生语言能力强、口才好的人，一般很容易通过游说打动别人，但是如果不加强自身能力的修炼，时间久了就会被认为是夸夸其谈，只会卖弄口才。

对企业来说，可能占有百年老店的好声誉，赢得顾客的信任，但是如果不加强内部管理，把产品质量和服务做到位，很可能百年老店也会消失。还有的企业，因为引进了先进的生产工艺和生产线，产品质量过硬，市场销路好，于是就忘了做好售后服务等工作，引发一系列的不良反应。销售人员也因为产品好卖，不再注重自身能力的提高，一旦被更好的产品取代，销售人员就会失去优势，一败涂地。由此可知，不管是企业或者个人，拥有优势要善加利用，但是能力的培养绝对不可疏忽。只有根基打好，才能枝繁叶茂，一时的侥幸不能长久。

有一个小故事叫一杯水的冷漠，发人深省。

> 那是一家快餐店，地处闹市，生意兴隆。有一天，一位年轻的女子抱着小婴儿来到店里，她想为孩子买点喝的。不过，满店都是可乐、雪碧之类的冷饮，实在不适合小婴儿。左看右看，她终于发现，店里有台饮水机，里面的纯净水倒可以让孩子喝一点。于是，她试探地问服务员："你好，能给我一杯水吗?"服务员看她一眼，随口说道："拿杯子来。"她一愣，赶紧说："对不起，我没有杯子。""那不行。"服务员的回答异常简洁。"拜托了，用店里的杯子行吗？我付钱。"她继续恳求道，"孩子渴得厉害。""杯子不单卖，你买杯饮料吧。"服务员的声音中明显地多了几分不耐烦。"孩子不能喝饮料，就请你给我杯水吧。"她的声音有些颤抖了。这一次，服务员没再理她，而是转过头去，接待下一位顾客……
>
> 那一天，年轻的女子带着婴儿到家后，就和邻居聊起了当天的事情。听了她的遭遇，邻居很是气愤："这家店太刻薄了，以后我是不会再去了。""是啊，我也肯定不会再去的。"说完，她们各自回了家。
>
> 邻居是位中学老师，学校就在快餐店的旁边。第二天上班后，邻居就和同事们说起了她的经历。大家一听，感慨不已："太过分了，连杯水都舍不得。""这样的店，最好倒掉。""是

啊，是啊。”……再和学生聊天时，老师们都会提起那件事，然后叮嘱一句：“你们以后最好少往那跑。”同学们回家后，纷纷和家人说起那件事，末尾还要加上一句，“我们老师说了，以后少到那儿去。”

快餐店依旧天天开门，迎接四方来客。只是谁也说不清，是从哪一天开始，餐厅开始变得冷清了。而在以前，餐厅几乎是日日爆满；尤其是周末，那些穿着校服的学生们，总是在柜台前排着长队。可现在呢，店里很难见到那些年轻的身影了。学生少就少吧，可奇怪的是，其他的顾客竟然也很少光临；偶尔有人光顾，也是买了东西就走，很少在店里坐一坐。店里的座位，大多是空荡荡的，看上去，整个餐厅死气沉沉。

为了改善营业状况，快餐店推出不少新措施：有奖就餐，套餐打折，赠送礼品……但这些活动，只能在短时间内聚拢人气，要不了多久，店里便冷清依旧。

渐渐地，又有不少餐厅进驻闹市，在快餐店的前后左右，多了水饺店、面条店、豆浆店……快餐店的生意更是每况愈下。

终于有天，快餐店黯然关了门。当店里的员工收拾东西离去时，他们谁都没有想到，这个不幸的结局，就始于一杯水的冷漠。

案例中，快餐店地理位置好，这是占了地利的优势，生意的兴隆让店家忘了服务的重要性，不注重对服务员的培训，最终败在了所谓的优势上。

对解决不了的问题，不要一味地钻牛角尖

每个人的能力都是有限的，因为精力和资源是有限的，所以难免会遇到自己解决不了的问题，这时候要迅速做出判断，如果能完成的概率还可以，那么可以继续攻坚；如果自己无法完成，那么就不要一味地钻牛角尖了。每一个员工都不是独立的个体，他的背后有同事和领导，有整个企业做后盾，所以要学会借力，不要单打独斗。企业从来不提倡个人主义、英雄主义，企业永远是一个团体。当你缺乏资金时，可以向领导申请到足够的资金去开展工作；当你缺乏时间时，可以请求同事帮忙共同完成；当你能力不足时，可以请示上级领导，请求支援和帮助。自己钻牛角尖，只会白白浪费时间和精力。还有一种思路是此条路不通，换条路再走，也就是说遇到解决不了的问题，可以想办法换种方法和思维去解决，不要一条路走到黑。

徐明强工作半年来，个人业绩还算不错，客户对他的评价也较高，是个很有潜力的员工。可是主管发现他欠缺与同事间的协调和沟通，当其他同事遇到困难时，他从来不会主动提供帮助，当自己遇到困难时，也不会去询问其他人的意见。为了让徐明强成长得更快，主管便把一项单靠个人力量无法完成的工作交给了他，期待他能寻求别人的帮助，经由团队合作完成这项工作。然而，徐明强没有明白主管的良苦用心，仍是拼命想靠自己的能力完成这项工作。

一切如同预期，他陷入了困境当中，但因为自尊心作祟，他没去和任何人探讨和寻求帮助。最后，主管担心事情发展到无法挽救的地步，主动问他时，他才将困难讲出来。

这个案例告诉我们，身在职场，要学会借力，学会并肩作战，这才是最聪明的做法。遇到无法解决的问题，及时发出求救信号，寻找可以获得的资源和帮助，达到最终目标，是省时省力的办法。

前段时间风靡全球的游戏“愤怒的小鸟”，让很多人变成了“低头族”。但是这个游戏是怎么来的想必很多人都不知道。这是个很有意思的小故事，它告诉我们，工作中，遇到解决不了的问题，死钻牛角尖和自我折磨是没有用的，不妨换种思维，换条路再走。

Rovio公司准备开发一款新的游戏，但是研发部门的工作陷入了僵局，始终无法突破。有一天，有一个人在一块儿白板上顺手画了一只小鸟，小鸟的表情是愤怒的。另一个员工看到了，在白板上添了一头猪，于是大家饶有兴趣地展开了讨论。小鸟为什么愤怒呢？因为猪偷了它的蛋！于是大家添枝加叶，一款让人喜欢的游戏诞生了！

这个故事里，白板的力量就是凝聚团队智慧的力量，一个人的力量是有限的，大家的想法一起发散，就会有意想不到的智慧大爆发。所以，当你还在钻牛角尖的时候，不妨放过自己，重新选择更好的路去走。

很多问题看起来很棘手，但是只要找准了方法，其实也不是那么困难。怎样才能顺藤摸瓜，找到最合适的办法呢？第一，遇事不要急躁，静下心来，慢慢思考，才有可能找到解决办法；第二，要仔细推敲，不要着急去解决，先把问题认识清楚，这样才能抽丝剥茧，一点一点找到问题所在；第三，分析问题，找出方法，列出问题的清单，然后找出形成这种难题的原因，突破的关键点和可能的解决办法有哪些。

重建行政新常态体系

我们知道，行政管理不仅限于狭义的行政部工作，而是整个企业的正常运转所涉及的所有管理活动，包括硬件设施：办公设施、生活设施，软件设施：规章制度、工作流程，人才梯队建设、分工层次等一系列的活动。一个企业就相当于一部运转的机器，各个零件都必须正常工作。良好的行政体系是这样的：设定好制度和流程后，各个部门能够独立自主开展工作，只在遇到问题的时候需要请示领导和请求领导支援。整个企业既依靠全体员工来操作，又不需要依赖于任何个人，处于良性发展过程。

为了保障工作的合理分工，做到分工明确、各司其职，一个企业的行政管理体系不能仅限于企业的行政部门，如一般企业都设置有综合办公室、总经理办公室、行政人事部等，尤其是规模较大的企业。综合性或者集团化的公司比较理想的行政体系全面构建行政事业部体制。在这个体制下，是一个具有从属关系和上下级关系的分工网络，一般企业内部以组织结构图的形式来表现：以总经理为最高领导，由分管行政的副总负责牵头、监督管理，由专门的行政部门负责最后的实施和落实，然后其他各个分工部门互相协作，这是一个触角深入到企业的各个部门和分支机构内部的方方面面的完整的系统、网络。分而治之，自古有之。

行政管理系统的作用是巨大的，它承担起整个企业的协调、推动、组织和监督管理工作，保证各项工作落实到位，企业顺利发展。从基本的采购、人才梯队建设等后勤保障到研发、生产、市场、销售、发展战略、投融资等所有板块的业务，都缺少不了行政管理的协调和磨合。要想分而治之，构建整个企业的结构体系，先来学习如何设计合理的组织结构。设计组织结构时，要注意三个原则：一是怎样设计才能更好地满足客户要求，二是怎样设计能让员工更好地完成工作任务，三是怎样才能让高层更好地完成任务。设计的时候，先列出目前公司主要的工作任务清单，然后把可以放在同一个部门的划分归类，考虑这些工作任务要划分出几个职能部门，再通过矩阵转换，把人和岗位有效结合起来。

以某纤维板厂的组织结构设计为例：该公司为一家以农作物秸秆为原料，生产无甲醛中高密度纤维板的厂家，它需要满足以下职能：行政和人力资源管理、财务管理、销售管理、原料管理、库房管理、生产管理。行政管理部门主要职责：负责日常办公室事务的管理，如接待、会议、采购办公用品、入库、文件档案管理等；人力资源管理部门职责：负责人力资源规划、招聘、劳动关系、培训、薪酬、绩效管理等；销售部职责：负责客户管理、团队建设、合同管理等；财务部主要职责：负责公司账目管理、财产清查、审计工作等；原料部主要职责：负责原辅材料的采购、供应商管理、采购账目管理等；生产部主要职责：编制生产计划、组织生产、提高生产效率、管理员工团队、做好安全生产等。

在这些岗位部门的全力支持和保障下，企业才能管理好员工团队，生产出合格、优质的产品，企业才会有发展的前景。

企业行政体系的构建一定要从实际需要出发，结合企业的规模和发展需求，并不一定要做到大而全，但要保持基本的组织框架。从企业创始的只有职员和老板，逐渐增加了部门主管、部门经理，然后再根据企业的发展规模，继续细化分工，由原来的行政部经理下设主管和员工，细分为采购专员、档案管理员、专职司机、文员、培训专员、绩效专员、招聘专员等细分岗位。发展到最后实现了向事业部形式转变，从而实现与企业规模相一致的增长速度。

第九章　好心态比什么都重要

压力大是近年来很多人的感受，尤其是上有老下有小的阶层。房子、车子、孩子、票子，让人焦头烂额。于是人的幸福指数降低，亚健康人群出现，有的人甚至需要看心理医生缓解心理压力。“正能量”成为一个热词，屡屡被提起、被提倡。什么是正能量？就是那些能够传播积极的、向上的言辞、行动等，它让人产生希望和动力。其实压力是什么？压力都是自己给的，自己挖坑把自己埋了。不妨看看热播剧《太阳的后裔》和《太子妃升职记》，还有一些可爱的、让人开心的漫画、书籍、电影等，让自己放松心情。在企业内部，喜欢和谁结交也可以多亲近一些，不太合得来的可以只当同事，取决权永远在于自己，最难的是能不能给自己催眠，让自己保持好的心态，不去太多地计较得失。

同样置身于恶劣的环境，不同的心态会折射出不同的行为。一位老人因为不小心，下楼的时候摔坏了腿，被送到了医院。老人暂时无法自由行动，但是他并没有因此生气、心情不好，反而笑着安慰家人：“幸好检查的时候医生说我不缺钙!”这位老人遇到事情从来都是试图找到事情的正面，始终保持着良好的心态面对人生的种种经历。还有一位百岁老人，在110岁的时候还穿着高跟鞋和旗袍，她从来不说杯子是半空的，而说杯子是半满的。这是一种积极的生活态度，永远去发掘生活中美好的一面。古人也有“闲看庭前花开花落，漫随天外云卷云舒”的悠然心态值得我们学习。

是人就会有情绪，有情绪就会有正面情绪和负面情绪，学会调节情绪，一天的好心态是很容易做到的，难得的是长久保护好心态。如何保持好心态？一是要认清楚，环境会变化，事情也不会都在掌握中，尝试凡事往好处想，想积极的那一面，无论遇到什么困难，都要乐观面对，不要一开始就把事情定位在坏的一面。二是对接触到的人和事怀抱热情。热情能够驱散冷漠等负面情绪，有助于团结他人、完成工作。当事情逐渐向好的方向发展，尝到了好心态带来的甜头，想必要变成不好的心态，也是很难的。

将人按人性分类

卡耐基著有《人性的优点》和《人性的弱点》两本书，细致地阐述了人性的优点和缺点。人作为社会人，都有着自己的个性，物以类聚，人以群分，通常志同道合的人会走到一起。酒逢知己千杯少，话不投机半句多，人，要按人性分类。

生活中，要选择人性好的人交往。何谓人性好？以目前的社会价值观来说，正直、责任心、孝顺、恭敬、诚信等都可以说是一个人品德良好的表现。

企业用人，首先要甄选人员。甄选人员的首要标准就是品德。德才兼备优先录用，有德无才培养使用，有才无德选择使用，无德无才绝不录用。一个人的职业道德将会对个人职业生涯产生深远影响。在企业中，要求职员具备的良好品德包括：谦虚、好学、诚信、爱岗敬业、团结同事等，只有具备这些品德，才有可能被录用、被重用。对企业有归属感，视企业为家，一切以企业的利益为出发点，不断提高自身综合素质，更好地为企业服务，不占小便宜，不贪图眼前利益。企业中某些工作岗位比较有诱惑力，有很多机会得到传说中的“灰色收入”。比如人力资源部，可能会有人私下给好处，以便谋取某岗位的工作；采购部，可能会有供应商给回扣，以此来使自己的产品获得供货权；库管，管理着很多企业资源，如果内心不坚定，很有可能监守自盗，犯下错误……虽然一时得到好处，但是这些歪门邪道都不是正途，很容易诱使人铸成大错，一发不可收。所以，在职场，一定要有坚定的职业道德。

某大型连锁超市采购经理李某，从企业创业初期进入企业，已经任职 8 年，工龄工资每月就有一千多，算是公司的元老。从普通的采购员做起，一路做到采购主管、部门副经理、部门经理。职场上混久了，资历深了，对行业内的道道也知道的多了，拿回扣也视为理所当然了。领导知道后，他被通报批评。但是因为习惯了，他没有收手，最终被公司开除。

企业在甄选人才后，也要在试用过程和以后的工作过程中，考察员工的品性，了解员工的人性。有时候人犯错误，不仅是因为自我约束能力差，也因为大环境为他创造了条件，所以企业要形成自己的约束机制，那就是各类制度和守则。而且要根据员工的品性安排工作岗位，比如，有的人诚信、正直，那就可以安排他做库管之类的工作，真正做到适人适岗。然后再配合适当的约束制度，以免员工被现实所诱惑，改变了人性，毕竟贪婪也是人性的弱点之一。

多用“请”和“谢谢”准没错

中国被称为礼仪之邦，古语云“礼多人不怪”，礼数永远不可失。无论是在工作中，还是在生活中，多用“请”和“谢谢”准没错。“请”和“谢谢”表达了一份敬意和真心的感谢，是一种感恩的心态的表达，容易让人产生好感，有利于拉近彼此的距离。

多说“请”和“谢谢”，给人有素质的感觉，让人愿意帮助你。这是最简单的也最容易达成的职场礼仪。“请帮我算一下这个月的考勤”“请帮我复印一下文件”“谢谢你帮我把材料送到××公司”“谢谢领导给我这个机会”，这些话语要常常出现在自己的职场生涯中，为自己树立良好的形象。因为当你向别人请求帮助时，帮助你是出于道义，不帮你也可以说得过去，不要认为别人帮助你是理所当然的。有人说同事关系不好相处，其实是没有用心去经营。多一份合作的心、多一份感恩的心、多一份礼遇之心，就会多一分收获。

作为公司领导，要学会对辛苦工作的员工说声“谢谢”，尤其是那些默默无闻的员工，要看到他们的努力和成果。这样做的好处有两点：一是能够激励做好工作的员工，让他们感觉到被赞扬的喜悦，知道努力工作会有结果；二是让别的员工也有了努力的方向，知道什么样的行为会被表扬，从而产生工作的动力。所以，不要吝啬说一声“谢谢”，它是又便宜又有价值的激励手段。

培养你的特质，而不仅仅是树立你的形象

无论对于企业还是个人，形象都是很重要的。良好的形象有助于让人产生信任和好感，在开展工作和交往中占有一定的优势。但是在职场中，除了树立自己的良好形象，也要善于培养自己的特质，否则茫茫人海、高手云集，哪有出头之日？埋头苦干，等于白干，面对激烈的竞争，不挖掘自己的特质，很难有晋升的机会。

那么什么是特质？特质就是指人格中不同于别人的个性特点，每个人都会有自己的特质。你想树立什么样的特质？特质的种类表现在：和悦性、创造性、外向性、情绪性、公正性，这些特质会在人际交往中发挥作用，影响个人的生活和工作。每个人要认真审视自己，认清自己的先天特质所在，以及自己想要培养的特质，最终成为想要成为的那种特质拥有者。在职场上，要有目标和针对性地培养自己的特质，以此来提升自己的职业素质。如果你是做销售的，那么要着重培养外向性，提升自己的沟通能力和交际能力，这样有助于达成业绩，提高领导的满意度。如果是做行政部门的管理工作，要注重培养自己的公正性和和悦性，对访客保持热情友好，对同事保持合作性，让人产生信任和依赖，对细致琐碎的工作保持细心和耐心的态度。如果是研发部门的，那么就要培养自己的创造性，抛开墨守成规和拘泥，发散思维，大胆想象并付

诸行动，催生出更多的新产品和新型服务。

在培养特质的过程中，一是需要养成，如上面所述，根据自己想做的工作岗位，形成与之相对应的特质；二是需要克制，主要是克制自己的情绪，扬长避短。情绪谁都会有，喜怒哀乐悲恐惊，该发泄的时候要释放情绪，该克制的时候也要压制不良情绪。例如，行政部门的员工，要耐心、细心、勤快不拖拉，面对琐碎繁杂的工作，不要表现出不耐心和粗心大意、不严谨，尤其在处理数据方面，一个数字的疏忽就会造成很大的损失。该做的工作要及时完成，不能积压和拖拉，否则工作会越积越多，让人产生烦躁心理，失去工作热情。销售人员在与客户沟通的过程中，要热情、坚定、自信、不卑不亢，不可畏畏缩缩、少言寡语、缺乏自信，要勇于克服卑怯和紧张心理。

改变一种思维方式，就能改变一件事的结果

形容人不知变通的词有：顽固派、不到黄河心不死、不见棺材不落泪、一根肠子通到底，等等。这些词或多或少都带有贬义。可见，人要善于变通，向着褒义的词靠近，如随机应变、八面玲珑、识时务者为俊杰，等等，才有更多的施展机会。日本通过明治维新获得新生，顽固派的老佛爷慈禧太后则把大清朝推向了灭亡，可见变则通，不通就会痛。改变一种思维方式，就能改变一件事的结果。以如何做好客户服务为例，目前的服务不仅止于专门的服务行业，它已经延伸至任何一家提供产品的公司，服务是产品的附加值，所以做好服务很重要。对于客户投

诉，一般会有两种看法：第一种是最普遍的心态，那就是反感和不耐烦，认为客户真难伺候，要求真多。这种心态会导致服务人员态度有失偏颇，对客户不公正、不客观。而且也不会发自内心地为客户解决困难，只是碍于公司规定不得已而为之，甚至有些时候还会跟客户产生矛盾。最终的结局就是很牵强地解决了问题，或者把问题扩大化。第二种心态是对客户的问题产生同理心，真正站在客户的角度分析客户遇到的问题，并竭尽全力帮助客户解决问题。最终赢得的不仅仅是解决了问题，还能得到客户的高满意度，金杯银杯不如老百姓的口碑，得到客户的肯定，收益不仅仅是眼前的赞扬。从这两种结果不难看出客户服务的重要性。

客户遇到麻烦时，愿意投诉，是表示对企业还存在期待和认可，希望企业能对其遭遇产生同情，并最终使其获得满意的结果。在得到满意的结果后，客户还会继续光顾。企业在处理客户投诉的过程中，能够发现自己的错误和不足并及时改正，这对企业的发展是有利的。客诉，其实是客户送给企业的礼物。相反，有的客户即使遇到了问题，也会想，算了，以后再不去他家了。这种态度其实对企业是不利的，企业不能及时发现问题就莫名其妙地流失了一部分客户。所以转变一下思维，重新审视客户投诉你就会做出不同的反应和行动，最终得到不一样的结果。

对待同事之间的关系，也是这样的。有的人总是抱怨自己的同事不好相处，公司氛围乌烟瘴气，同事之间钩心斗角没有真心。但是有没有审视过自己，对于维护同事关系做出过积极的努力吗？同事之间是合作与竞争并存的，这是一种正常的关系，当别人升职时不要忙着嫉妒和愤恨，而要真诚的祝贺，然后反思自己的不足之处，学习别人的长处，争取下次的升迁机会。这样的心态有助于经营好与同事之间的关系，以真心换真心，付出了也许收获不大，但是不付出永远不会有回报。

老板与员工的关系似乎总是对立的。实际上真是这样吗？员工总是抱怨待遇不好，加班太多，过年过节没有福利，等等，而老板则抱怨员工工作效率低，态度散漫，既想拿高工资又不想付出，眼高手低……其实换一种思维，换位思考，员工和老板的关系就会不再紧绷。有一个职业经理人和老板遇到熊的故事，大意是这样的：老板和职业经理人同时遇到了熊，职业经理人打了几枪发现打不过熊，立刻弃枪逃命去了。而老板，打完了子弹又掏出身上的刀和熊近身肉搏。这个故事形象地说明了老板和员工的区别，企业生死存亡时，员工丢掉的只是一份工作，随时可以再找，老板失去的可能是自己的全部家产。所以员工要试着去理解老板，你抱怨节日没有福利的时候，可能老板正为付不出货款焦头烂额。同样的，员工信任一个企业，愿意为企业效力，企业也要看到员工的努力，给予相应的报酬，不要为了节约成本无限制地压榨员工。每个人都换位思考，行动就会不同，结局也会有天壤之别。

永远不要做两面派

在每个组织中，总有一些人是“墙头草”。“墙头草，两边倒”，立场不坚定，没有主见，在和人相处时，表现出见人说人话，见鬼说鬼话，做事情时则表现出一会儿支持这种做法，一会儿又倾向另一种导向，没有自己的原则。这种人的结局通常都不会好，两面都想讨好，结果是两面都得罪，因为人都想要完全忠于自己的，不会喜欢那种两面派，所以，永远不要去做两面派。

每一个成年人，都要有自己的立场和主见，知道自己真正想要和真正该做的事情，并且坚定不移地去落实和执行，如此才能求仁得仁。最好不要介入公司内部的权利斗争中，懂得明哲保身。在实际工作中，都会遇到需要做出选择的问题，比如，针对某个方案，可能会有不同的意见，在讨论的过程中，要保持自己的见解，不随波逐流，就事论事，不要为了某些原因让自己做出不明智的选择。

立足于社会，要学会虚与委蛇，但是在一个企业里，尽量不要去做两面派，因为这是一个利益共同体，没有必要上纲上线。做真实的自己，认真工作，团结同事，快乐的工作，才能真正体会到工作的幸福感，实现自己的个人价值。如果每天伪装自己，心口不一，只想着钩心斗角，不热爱工作，工作将会成为一种痛苦，就像那句“上班的心情比上坟还沉重”，那注定无法做好工作，而作为提供物质生活来源的工作做不好，就无法满足自己的生活需要，也会给自己的生活蒙上阴影。

第四部分

小细节，大话题

行政管理

就像

跳芭蕾

既要标准

又要完美

细节决定成败的说法同样适用于企业行政管理，没有精致的细节，就没有完美的大局。虽然行政管理肯定也有工作大计划，有总体的安排，但更多的是处理琐碎的事情，因此重视小细节对于企业行政管理来说尤其重要。企业行政管理人员要有大局观，更要有细致入微的工作作风。对于企业行政管理工作而言，细节有四个方面的含义：一是说话严丝合缝，不该说的话坚决不说，该说的话不打埋伏，把握好度，甚至对于措辞也要有讲究；二是做事力争做到滴水不漏，不留隐患，恰到好处，干净利落；三是思维缜密，说话做事之前再三推敲，不放过每一个信息，审慎是行政人员应该具备的基本素质；四是见微知著，有敏锐的感知能力，于无声处听惊雷，透过现象看本质，面对问题时找到最好的处理方式和切入点，在坚持原则与灵活处置之间找到最恰当的平衡点。

第十章　“简单”不等于“容易”

企业的行政管理工作不像产品研发那般专业精深，不像市场营销那般难以预测和控制，都是一些杂事琐事，相比较而言难度系数小得多，需要的仅仅是韧劲、耐心、时间和精力。从遂行的难易程度来看，在许多人眼里，企业的行政管理工作很简单，不用费尽心机动脑筋。市场营销由营销金额和营销数量来具体衡量，产品的研发也有硬性的技术测评标准，而行政管理工作则属于软性工作，没有数量化的评价指标，也就是说工作效果的宽容度较高。简单的工作真的很容易做吗？答案是否定的。行政工作看似简单，其实有许多难点。行政工作不像生产线上的工作那样程式化，其工作对象除了一些例行工作，绝大多数始终是不可预测的人和事，这就给行政人员的心理承压能力和机变能力等提出了更高要求。

为什么总是做不好细节

对于企业行政管理工作而言，做好工作上的细节十分重要，但对于许多行政人员来说，细节又是一个难点，许多纰漏和失误常常出在细节上，时常因为一句话一个动作的失误而造成不可挽回的不良结果，自己也因此陷入长久的遗憾和汗颜当中。

细节纰漏看似一时的疏忽大意，其实不然，很大原因是思想意识中对于细节的重视程度不够，思想不重视就很容易不拘小节，放松警惕，也就不会潜心研究细节工作技巧和方法。行政工作要树立细节第一的原则，从工作思路上把做好细节放到最重要的位置，把滴水不漏作为说话和做事追求的最高目标。思想上重视了，在具体工作中就会自然而然地谨小慎微。

企业行政人员在工作中必须注意 10 个细节。

1. 时间观念

行政工作向上对接的是企业领导，伴君如伴虎，容不得半点马虎。与领导打交道首先要严守时间纪律，做到随叫随到，按时完成领导交代的事情，假如确实无法按时完成，必须及时清楚地向领导说明不得已的缘由。行政工作向下衔接的是各部门主管，严格遵守时间承诺是信誉的重要因素，一旦失信于人，工作阻力就会成倍增加。

2. 谨小慎微

性格粗糙的人很难做好行政工作，尤其是说话，俗话说祸从口出，此言不虚，尤其对于行政人员，说话随便是大忌，很容易引起意想不到的麻烦，要么节外生枝，要么无意间得罪人。做事谨慎，不但在工作时间内行事要有板有眼，在工作之外的个人生活空间做事也要谨慎。

3. 人际关系

不要试图在工作圈子里结交知己，把工作圈子与私人社交圈子严格区分开来。尤其不要试图与上司成为“朋友”，即便是在饭桌酒场，领导始终是领导，说话都要有分寸，不可逾越红线。也不要试图与公司内的部门主管成为“朋友”，客客气气是始终要坚持的最佳人际交往方式。

4. 韧性忍心

韧性就是为人处世要有弹性，不能太刚，太刚必然脆，脆易折；忍心就是在生活和工作中不要喜形于色，不能太“肤浅”，要有城府，有心理深度，不论遇到任何事情都要能“忍得住”，不轻易表态，不随便点评，不露怯，把真实情绪和想法放置在自己的内心深处，使其慢慢发酵。许多时候，很棘手的事放一段时间就会出现意想不到的“窗口”。有的人一旦有了消极情绪总喜欢找人倾诉，其实最好的办法是啥都不说，不说出口，别人就不会有搬弄是非的机会，把挫折和不愉快交给时间，当下的郁结在将来某个时刻回头看来其实都不是什么大事情。

5. 时间管理

行政工作事无巨细，因其忙乱，故而对自己的时间必须要进行科学管理。该做什么，不该做什么，哪些事先做，哪些事后做，什么时机找什么人……赋予一分一秒特定的内容。

6. 个人形象

企业行政人员不要表现得太过“本色”，对自己在别人眼里的形象需要进行设计和包装。至于塑造怎样的形象，需要依据行业特点、地域环境、年龄阶段、老板喜好、员工结构等诸多因素来确定，不但要有利于工作的顺遂推行，而且还要注重于别人的形象评价。增强个人形象危机公关能力，在工作中不可避免会出现挫折，形象受损之后如何补救，是行政人员必须具备的一项能力，要建立一套适合自己也适合公司环境的好办法。

7. 公私分明

工作是工作，私事是私事，绝对不要搅和在一起。不要把工作中的事情和情绪带到私人生活里，也不要把私生活圈里的事带到工作时间和场所。工作过程中尽可能不触及自己的隐私，不透露个人信息，心里装得住事情，嘴里藏得住话，不要“大嘴巴”。对于企业行政人员而言，心直口快绝对不是什么优点，而往往成为显然的缺陷。

8. 息心敛性

行政人员在工作场合，在工作的过程中，代表的是企业和部门的利益，是在履行行政岗位的职责，是在代公司和部门行事，是公司和部门的代言人，必须要淡化自我，个人的心气不要太高，自尊心不要太强，要收敛自己的个性，要有忘“我”工作的概念。

9. 笑脸常在

微笑不仅仅是一种表情，而是行政管理中最有效的工作方法。即便是在紧张的工作场合，也应该面带笑容，从容应对。笑容不代表迁就和退让，不是说板着面孔才算坚持原则。微笑所展示的信号十分积极，所释放的信息十分丰富。学会微笑，就成功了一半。

10. 不露倦容

越是感到疲倦的时候，越要振作精神。不太累的时候就更不要叫苦连天，不要把“累”字当作时尚的口头禅。不论在谁面前都不要表现消极状态，确实疲累了，啥都不要说，找个安静无人的地方小睡一会儿，或者为自己沏杯茶，或者喝杯速溶咖啡。

对于企业行政人员，需要注意的细节还有很多，以上这些仅仅是比较重要的一些细节。每一位行政人员都应针对自己的实际情况，总结一下必须要注意的细节，制订一个细节改进计划。

在其位，谋其政，行其权，尽其责

做好两个定位：一是对企业行政工作定位，确定行政工作在企业整体工作系统中的特殊职能，不关注是否重要的问题，只关注行政管理这一企业模块的价值功能；二是细分工作目标，对行政人员的具体工作进行定位，划分和确定每个人的职责内容和范围等。

定位之后，其一要到位，其二不要越位。到位即完全承担属于自己的工作任务要求，不留工作死角；不越位即不做不属于自己职责范围之外的事情，不直接参与别人的工作范围，不替领导上司做决定下结论，不替别人背黑锅，不越级反映情况，不越权行政等。也就是说，部门和人员的职能和职责厘定清晰之后，每一位行政人员要像螺丝钉一般拧紧在各自的岗位上，不存等靠意识，各自把守好属于自己的阵地，进而形成整体的行政力量。

行政部门内部要计划好工作，做好内部管理细节。在内部管理中，要坚持贯彻“分权、责任、明利”的管理制度，明确岗位权限，确定岗位职责，拟订并公布利益分享规定，实现压力、权利、利益的平衡。

在工作中，行政人员要纠正三种意识，克服两个习惯。

1. 三种意识

一是个别行政人员在工作中存在比较严重的依赖意识，心中无主，大小事情都要向主管报告，仅仅充当着信息员的角色。其根源有两个，第一个或许部门在安排工作的时候未赋予行政人员足够的权利，以至于在具体工作中行政人员不敢自作主张，只能遇事向主管或部门领导报告。第二个由于行政人员的个性或工作能力所致，遇事优柔寡断，处置问题的能力低。过重的依赖意识不能有，需要转变，不然会影响行政工作效率。

二是明哲保身的思想意识。胆小怕事，怕担责任，遇事推诿扯皮，没有应有的担待，怕得罪人。行政人员必须要敢于坚持原则，要坚守底线，在各种利益冲突之下，要站在企业的立场上考虑问题，敢于与歪风邪气作斗争。沟通协调与强制执行两手都要硬，不可无原则地退缩。

三是因循守旧的意识。创新与突破的确有很大风险，沿老路往前走显然更加安全。但是，没有创新和突破，不与时俱进，行政工作就会失去效力。任何有效的制度和措施，历经时日，自然而然会产生“抗体”，阻碍贯彻执行。上有政策下有对策是惯常现象，行政工作需要在创新中求生命力。

2. 两个习惯

一是要克服动辄承诺的习惯。有的人承诺太多，承诺太轻率，以至于许多时候难以兑现，影响行政部门的权威性，影响在别人心理上的诚信度。承诺不兑现的后果是久而久之人们就不相信行政人员说的话，影响行政命令的有效传达和执行。俗话说承诺是债，很有道理，仔细想想就很容易明白，何必平白无故让自己背上一身没有必要的债？望梅止渴在有的时候的确能起到一定的激励作用，但不能常用，经常使用这样的方法无异于“狼来了”。

二是太主观，很少设身处地考虑问题。人常说，凡是存在的都是合理的，任何问题的存在必然有其原因。遇到问题要换位思考，站在对方立场上想想，寻找到问题的根源，消除原因，而不能头痛医头脚痛医脚。根源消除了，对方的思想问题解决了，症结自然而然就消失了。

追求“功劳”而不是“苦劳”

在追求利润的商业时代，老板绝对不会养闲人庸人，“没有功劳有苦劳”这句话已经完全没有市场。员工要想立足于企业，要想得到领导的赏识和重用，要想在自己的职位上有所作为，就必须十分重视“功劳”二字。功劳需要努力，也需要争取，还需要慢慢累计。功劳始终与工作成绩相联系，如何多出成绩并且能被上级发现且承认，是现代员工必须要思考的问题。那些甘于平庸，试图不出错也不出成绩，试图依赖“苦劳”维持生存的想法靠不住。

关于功劳和苦劳，需要透视现代企业的上下级关系状态：传统观念中，上级就是领导，下级必须服从上级，下级的前途总是握在上级的手中。现在的企业基本上都属于集权企业，甚至于可以称之为独裁企业——老板说了算，不存在民主企业，企业的各级领导都是自上而下的任命制而非自下而上的选举制。在这样的企业体制下，下级永远处于被动的从属的地位。企业内所有人的价值不是由下级来评定，而是由上级来判断。也就是说，你有没有功劳，自己说了不算，下级说了也不算，只能由上级来作出结论。

要成为有“功劳”的员工，必须首先了解上级关于下级功劳的评价指标，研究上级对于下级功劳判定中的主观观念。要想快速成长，既要研究工作，也要研究领导，这样的员工才是真正聪明的员工。苦干＋巧干是公认的聪明员工的工作方式，巧干一方面说的是工作效率，另一方面也包含怎样干才能累计“功劳”，包含研究上级这样一层意思。知己知彼，百战不殆，而这个“彼”既指工作，也指人际关系，包括与上级的关系。不容否认，苦干也能出功劳，但前提是遇到开明公正的上司。一般而言，只有巧干才能快速积累功劳。

当然，任何事都不可偏激，而要追求平衡。在争取上级肯定的同时，也不能忽视公论。一味走上级路线，而群众评价不高，也要避免，最好的情况是群众称赞的同时受到上级赞赏。

企业行政管理人员的“三干”精神：实干 + 苦干 + 巧干。只有敢于苦干、乐于实干、善于巧干，才能多出成绩、快出成绩、累积功劳。实干就是扑下身子，踏石有印，抓铁有痕，听见楼梯响，也见人下来，而不是坐而论道。苦干就是不怕吃苦，舍得下功夫，甘于付出十倍百倍于常人的努力，乐于奉献。巧干应建立在实干和苦干的基础之上，而不是仅仅靠玩弄技巧哗众取宠，甚至于走向弄虚作假的歧途。巧干不是投机取巧，而是讲究方法技巧，事半功倍，提高工作效率。如果说苦干实干是态度问题，那么巧干则是能力问题。

追求精益求精的精神，彻底告别“差不多”思想

求乎其上得乎其中，求乎其中得乎其下。企业行政工作对于工作质量必须高标准严要求，才能保证不出问题或少出问题。假如一开始就抱着“差不多”的工作态度，那么其结果可想而知。

企业行政管理工作事关全局，是企业良性运行的根本保证。行政管

理的任何一个模块出现问题，都会影响其他部门的正常运行。水、电、网络、办公设施和环境、人员配置……这些都是企业基本的生产要素，一样都不能少，事关企业各部门的正常运营。一旦出现问题，多多少少都会造成影响。假如在出现问题之后未能及时处置，影响会很重大。除此之外，企业的各项规章制度也是保证企业良好发展的基本保证，而规章制度的制定、执行和监督也属于行政管理工作中重要的组成部分。制度不落实，各项工作的质量就没有保证。还有企业的其他行政活动，如组织各种活动、召开各种会议、安全保卫等都事关企业全局。行政管理如此重要，必须在工作中有精益求精的态度，在细节上下功夫，确保高标准完成各项工作任务。

做好企业行政人员的思想教育工作是基础，通过教育提高行政人员的职业道德和操守，增强干好本职工作的自觉性。加强行政人员业务培训，提高他们的实际工作能力。工作态度是基础，工作能力是保证，假如没有很强的工作能力，思想再好也等于零。鼓励自学与举办集中授课相结合，使行政人员的学习制度化、经常化。制定切实有效的工作激励制度，大力表彰先进，严肃处理后进，形成有利于提高工作质量的浓厚氛围。行政部门主管要强化对行政人员的监督检查，适时抽查，全程跟踪，形成强大的工作压力，督促工作高质量完成。思想教育、业务训练、激励制度、监督检查，以上这四个方面的工作是企业行政管理精益求精的具体落实举措，必须予以高度重视并坚持。

市场竞争、职场竞争很激烈，质量是竞争制胜的关键。对于部门来说，工作质量是赢得企业领导赞赏的唯一要素；对于员工来说，工作质量是保证自己职业安全性的保险杠。有的人干工作总想投机取巧，想糊弄过关，或许一两次或者两三次真的顺利过关了，但肯定持续不了多久，糊弄别人最终糊弄的是自己。不要计较一时一事的得失，从一开始就坚定质量第一的信念。只要质量得到保证，迟早会得到相应的个人利益回报。

会说话，好办事

李鸿章的外甥率淮军与太平军作战，总是吃败仗。在又一次被太平军打败之后，他急奏皇帝，一方面报告情况，另一方面寻求对策，要求援兵。他在奏折上有一句话“臣屡战屡败……”，他的上司李鸿章看到这个奏折，觉得不妥，于是拿起笔来，将奏折上的这句话改为“臣屡败屡战……”，原字未动，仅仅是顺序的改变，顿时将原本败军之将的狼狈变为英雄的百折不挠。

协调沟通是企业行政的基本职能之一，对于行政管理人员来说，说话的技术绝对是一门学问，行政人员要像国家外交部门的外交官那样说话，在说话时讲究策略，回答问题时注意措辞，甚至对音调等都得予以把握。

语言是行政人员重要的协调沟通的工具。同样的问题，在不同场合，针对不同的工作对象，用不同的方式、内容和技巧，会产生不同效果。人常说的“良言一句三冬暖，恶语伤人六月寒”“听君一席话，胜读十年书”等，都说明说话的重要。对行政人员来说，经常要与人协商沟通，如何说话尤为重要。

行政管理工作的特殊性决定了说话技术的重要性。不会说话的行政管理人员因为一句话而激化矛盾，最终把事情搞糟的例子不少。不善于洞察对方心理，不善于运用语言技巧，不讲方式方法，不看对象场合，说话随便或者措辞不当，就会好心得不到好报，其结果是事倍功半。

说话是企业行政人员的基本功。要提高说话的能力，首先，要提高自我素质和修养，素质高了，修养好了，在说话时会自然而然流露出来；其次，要钻研学习语言的艺术，掌握语言表达的基本规律，训练自己的语言风格；最后，在具体工作中不断总结，扬长避短。比如，在行政监督的时候，对方往往情绪激动。其实大多数人是通情达理的，只要晓之以理、动之以情、行之以法，话说到位，工作会顺利进行。即便遇到无理取闹者，行政人员也要控制情绪，思路不乱，语言得体，积极应对。

第十一章　零缺陷工作意识

怎么理解“零缺陷”？零缺陷并不是说任何问题都不能发生，而是要力争使问题率降到最低。零缺陷所反映的更多是一种对待行政管理工作的态度和决心。对工作精益求精，调动一切资源，倾尽团队才智，以最大的努力保证各项工作正常进行，圆满完成各项任务。

如何才能做到“零缺陷”？一是不鲁莽行动，任何行动都有最充分的准备，也就是不打无准备之仗；二是把有可能出现的各种问题想足，针对这些因素制定相应的预案，一旦问题真的发生了就不至于忙乱无主，而有事先准备好的策应办法；三是不放过任何细节，认真细致做工作。

老鸟，也会坠机

应该说，企业行政工作不像财务研发那样有很强的专业性，那么，在专业性不强的情况下，工作经验就相对显得很重要，如何识人、处事、说话等都需要在长期的工作中逐渐积累。工作经验十分重要，但对于经验也应有正确的认识，经验毕竟是经验，是个人在工作中摸索出来的主观的道理，不一定适用于其他人，也不一定就正确。只有当经验经过总结研究上升到工作理论的时候，这样的经验才具有普适性。所以，行政岗位上的“老人”虽然有丰富的工作经验，但也要如履薄冰，完全的经验主义靠不住使不得，以前的经验不一定适用于现在，因为环境变了，针对的人群等也变了。

企业行政岗位上的“老人”注意事项：

1. 为自己的经验找到理论依据

经验是对工作实践的感性总结，虽然十分宝贵，具有很大的时间价值，但还不能称之为理论——理论具有更为普遍的指导性，是对规律的客观揭示，而经验往往是有局限的甚至是片面的。想让经验变得更有价值，就必须认真思考总结研究，使经验进一步升华，去伪存真，去粗取精，剔除主观的认识部分，归纳出反映本质特征的普适规律。

2. 善于向新人学习

活到老，学到老，这句话对任何人都适用。作为行政管理岗位有经验的“老人”，需要始终保持旺盛的学习精神，向书本学，在工作中不断体会和总结，还要向新人学。刚入行政管理岗位的新人虽然没有多少工作经验，但在他们身上也有许多有价值的东西。任何东西一旦时间久了，就会形成惯性，这种惯性有的是积极的，也有许多是消极的，会阻碍多维思索，影响工作效率。这些负面的因素在新人身上就不存在，他们新入职，没有受到环境惯性的浸染，而这正是“老人”要向新人学习的主要原因。

3. 与时俱进，不断更新思想认识

不要给自己的老经验“上锁”，而要敞开经验的大门，让新鲜空气进来，焕发老经验的新容颜。时代在前进，企业人文环境变化很快很大，铁打的企业流水的员工，人员变了，行政工作对象也就变了，老人老办法，新人新办法。比如企业保安，现在的保安工作与二三十年前的保安差别很大，工作思路、方法、标准等都不一样。只有与时俱进，让老经验跟上时代的新步伐，经验才能百炼成钢，才能真的管用。

4. 永保谦虚的态度，不倚老卖老

有的“老人”自认为经验丰富，言行之间会流露出几分傲气和过度的自信，这样会影响新人对你的看法，引起反感情绪，影响团队团结，不利于协调配合。况且老经验不一定就正确，弄不好会影响到工作效果。不论怎么说，谦虚谨慎是“老人”始终要恪守的观念。在别人不主动请教的情况下，不要指手画脚。当然，如果别人有问题虚心请教，那么也不能保守，应该诚恳地说出自己的看法。

第一次就把事情做对，工作才不累

为什么一开始就要把事情做对？其一，确定了正确的工作方向，为接下来的行动提供了清晰的指向；其二，不论思想还是行为，都容易形

成惯性，一开始的习惯会保持下来，会自觉不自觉地沿用开始的方式，顺着习惯往前走，一开始就把事情做对，形成正确的做事方法，对后续工作打下好基础；其三，避免时间精力和资源的浪费，走弯路是要付出代价的，所以力争从一开始就把事情做对，以免不但浪费资源，还有可能造成不可弥补的损失。

一开始就把事情做对是低碳工作法的关键环节。所谓低碳工作就是提高工作效率，完成同样工作消耗最少的资源，包括人力资源、时间精力、物力等。不仅生产制造需要低碳环保，企业行政工作也需要低碳意识。由于工作失误造成返工，或者因错误导致工作事故，都是资源的极大浪费。

怎么做才能第一次就做对？首先，尽可能详尽地收集相关信息，知己知彼才能百战不殆，盲人骑瞎马容易栽跟头；其次，多思考、分析、判断，少在情况不明的时候贸然行动，打有把握之仗；再次，制定主方案，同时准备好预案，一种方案不行就及时换另一种方案，有备才能无患；最后，在时间宽裕的情况下，可以事先进行推演。

当然现实中没有料事如神的诸葛亮，事情的发展往往出人意料，在行政管理工作中出现意想不到的难题在所难免，行动错误的情形总会有，那么当第一次做不对的时候，有什么补救措施呢？最怕的是推诿扯皮，不敢认错，应该采取开放的态度，承认已经发生的错误，重要的是分析其中的原因，找到出错的根本原因，改弦易张，重新开始。俗话说得好，亡羊补牢为时不晚，知错就改还有希望，如果背着牛头不认赃，那么不但会延误时机，还会出现更大更多的错误。勇于承担责任是优点，应大力提倡。

只对事情“负责”远远不够，还得“负责到底”

关于责任，可以用两句话来形容，一是“担子落在肩上”，二是“板子打在屁股上”。可以从以下两个方面来理解“责任”：一方面，事前接受任务，对承诺的整个工作负责任，一诺千金，不中途变卦，不推诿扯皮，不找借口，全力为完成工作任务而努力；另一方面，对工作结果负责，尤其是一旦出现问题，要承担责任，甘愿受罚。有的责任是在职责范围内的，有的责任是额外承担的，这就提醒工作人员在接受任务的时候，与委托方（部门主管）明晰责任范围，提前把话说明白，以免问题出来之后说不清楚。

工作责任心的体现：首先，十分明确自己的任务范围，也就是哪些事情是自己职责范围内的，尤其要分清楚处于“边界区域”的工作到底应该由谁来负责；其次，责任就是承诺，要按时保质完成，否则就是不负责任，失职也就是失信，失信的后果会带来许多副作用，群众和领导都会对你失去信任，就不可能得到提升和重用，严重影响职业发展；最后，要有负责到底的精神，有了这种精神，才能全力以赴，不等不靠。

没有“负责到底”的意识，就会在工作中有投机心理，遇到问题不是迎难而上，而是千方百计投机取巧，试图蒙混过关。负责到底的意识就是确认并认可责无旁贷，心理上做好充分准备，尽一切努力保证工作质量。所以说，只对事情负责还远远不够，还得有负责到底的精神。

企业的行政工作面很宽，内容很多，所以在人员配置以及工作模块分割等方面需要做好管理，尤其是要建立健全岗位责任制，明晰责权利，担子真真实实压在每个人的肩头上，板子实实在在打在屁股上，不留消极推诿的空子和余地，将每个人像螺丝钉一样拧紧在各自的工作岗位上。

工作责任心表面上看是职业道德，其实在契约社会中的企业，更多表现为企业的管理思路和方式。再有觉悟的员工，总有懈怠的潜意识，如果没有强力的管理和监督，单靠员工个人的思想觉悟，那么责任心必然成为空中楼阁，不可能很好落地落实。从这个角度讲，员工有没有很强的工作责任心不能仅仅认定为个人问题，而要检查领导的原因以及管理制度是否健全。

多用“找错”放大镜，把问题扼杀在摇篮里

放大镜给企业行政管理工作提供了很有价值的借鉴。为了更仔细地看清楚某种物质，人们可以用放大镜将物体放大，这样就能看清楚更多细节部位，更全面透彻地了解物体的特性。对于工作也是一样的道理，为了把工作做得更全面、更出色，就不能粗枝大叶，凭着感觉往前走，而要扑下身子干工作，深入进去了解工作全貌，尽可能仔细得了解问题的实质。只要把问题放大了，才能准确把握工作的重点和难点。

见微知著还能增强企业行政管理工作的预见性。工作的盲区往往是因为不了解工作对象，对工作对象的认识并非来自于客观事实，而是来

自于主观的可意想和不准确的判断。只有真实了解了工作对象，才能有的放矢，在进入之前就有管用的工作方案和预案，就能避免走弯路，增强工作预见性，即便遇到难题，也能及时将问题扼杀在“摇篮里”。

行政工作的预见性考验的是工作人员的判断能力和推理能力，知其然，更知其所以然。任何一件事都不会是孤立的，都会与其他事情相牵连，而且大事是由若干小事组成的，而这些都只能依靠工作的“放大镜”来探知。这样的探知不可能是极其详尽的，即便再仔细也会存在工作盲区，但只要思想重视，这些盲区完全可以以制订预案的方法来克服。多设想一些情形，然后根据这些情形制订相应的工作方案，一旦真的遇到假设中的情形，也就不至于慌乱。

放大工作对象的目的是为了事前发现更多的问题，问题就像是埋设在工作路途中的地雷，一不小心就会被踩爆。工作放大镜如同探雷器，在尚未踩到地雷的时候，就将问题揪出来，予以安全排除。盯着问题抓行政管理是一种十分适用有效的工作方法，也可以称之为“排雷法”，发现问题，解决问题，问题就会越来越少，工作就会顺利地向前推进。

行政工作的“放大镜”还有一个功能，也就是防微杜渐，不放过任何一个小细节，将工作中有可能发生的错失消灭在萌芽状态。千里之堤溃于蚁穴，个别的小错误虽然并不起眼，但累计效果却具有巨大的破坏力。

那么，如何及时发现工作中的“小错”呢？

一是建立灵敏的信息感知系统和可靠的信息通报机制。一旦有了即时的开放的信息传递系统，渠道畅通，那么欺上瞒下的现象就失去了滋生的土壤，工作中一旦有什么风吹草动，都会及时传递到管理决策层，领导层即可及时制定措施，及时采取应对行动，防患于未然。

二是制定工作登记制度，建立重大事件记录制度，健全工作中有关联的上下游人员的交接记录制度，落实工作中各种信息的上通下达制度。这些制度既是工作中的“放大镜”，也是工作中的“电子眼”。先有“电子眼”，然后才能使用“放大镜”。“电子眼”的功能是起到一种工作感知作用，是一种信息收集和记录的系统，是运用“放大镜”观察和分析的基础环节。

三是组织人员编制企业行政工作错误和过失案例手册，收集以前发生过的典型案例，编制成册，人手一册，起到对照检查的“镜子效应”，时刻提醒所有员工切莫在过往的陷阱中坠落。

期望一，就做到二做到三

超预期，才能超满意。预期之内没有惊喜，只有超出预期，才会给人带来意想不到的满意。行政工作人员至少需要面对两种人，一是自己的上司，二是工作对象，也就是企业中另外的部门和员工，或者是相关联的人群。

如何超预期完成工作？不仅仅是圆满完成了职责之内的工作，而是要在职责之外增加工作任务的附加值。完成本职工作是应该的，任何人都不会给予额外的称赞。只有做了别人认为不该由你来做的工作，才能得到称赞。

另外，也可以在工作方法和思路等方面动脑筋，用更好的点子和途径完成工作，这样的话也能激起别人的赞叹。总而言之，要想出成绩，必须得动脑筋。

企业行政管理的增值服务，完成工作任务之外还能做些什么？增值服务首先要有舍得“吃亏”的思想意识，舍得额外付出，比如企业保安，可以替员工代收快递，或者帮行动不便的人跑腿办事，这些就是增值服务。再比如，负责人力资源的行政人员，不但招聘到企业急需的人才，而且还收集有用的市场信息，为领导争取到难得的机会，如在行业会议上发言等。总之增值服务需要有雷锋精神，把做好事纳入自己的职责范围。

延伸服务让对方惊喜。延伸服务也是增值服务的一种类型，正常的工作做完之后，扶上马再送一程。其主要分为两类，一是时程的延伸，二是服务内容的延伸。时程延伸就是主动延长服务时间，表现出诚意，表现出敬业精神，表现出负责任的思想意识。内容延伸即在完成了本职工作的时候不就此停止，而是再往前走一段路程，替别人做些事。

别人期望一，你就要做到二，甚至做到三，这是获得称赞的不二法则。对于企业行政工作而言，你的产品就是服务，要想使服务对象惊喜，不但要提供及时到位的结果，还要提供额外的增值服务。只有当对方以为你不愿做不会做而你却做了，才会感到惊喜。

第十二章　现场改善，低成本的管理方法

企业行政工作的现场能不能实行标准化管理？答案是肯定的。行政工作虽然不能像产品生产过程那样量化，无法进行数据化管理，但完全可以在工作流程和手段等方面实行标准化管理，完全可以编制企业行政工作标准手册，从一言一行到常规问题的处理思路等制定统一规定。标准化管理是现场改善的基础，在此基础上不求完全创新，而采取渐进式的改善，推动企业行政工作越来越完善。

之所以说改善是低成本的方法，原因在于与创新比较，改善的风险小得多，因为改善属于渐进式改进，即便出现意想不到的问题，回旋余地也很大，不会因此造成大的差错，带来明显的损失。行政工作是琐碎的工作，表面上看更多的是需要工作人员灵活机动处理问题，长期来看，企业的行政工作不外乎相对固定的几大模块工作，认真梳理，总结经得起实践检验的工作方法，是完全能够做到的。能够将繁杂的事做得条理清晰，就需要制定标准，进而在实际工作中不断总结，对现有工作标准进行不断改善，使其日臻完善。

答案永远在现场

在企业行政管理中，现场的概念和重视现场的意义是什么？企业行政工作有别于车间工作，行政工作的工作场所不固定，有时在办公室，有时在室外，有时在车间，有时在活动现场和会场，所有的这些场所都是行政工作现场。重视行政工作的现场是提高行政工作质量的管理思路和方法，不论在现场之外做了多少准备和努力，现场是体现工作效果的最终场合，相当于工作的“显示器”，所以十分重要，必须尽全力实现工作目标。

必须重视现场行政管理工作。“养兵千日用兵一时”，对于企业来说，行政管理工作本来就是幕后工作，唯一能显山露水的场合就是工作现场。要抓住每一个每一次的工作现场，塑造自己的工作形象。从这个角度讲，现场就是行政管理工作的广告。对行政工作而言，有许多临时性的琐碎工作，现场常常既是开始，又是中盘和收官，重视现场也就是重视全盘，现场不慎满盘皆输。

如何在现场实施行政管理？企业行政管理的执行力主要体现在现场，现场的行政管理是对执行力的检验。一是执行的准确性，一般而言，现场行政管理都是事先有所准备的，执行力的体现之一便是如何贯彻好事前计划，圆满完成既定的工作任务。二是提高灵活应变的能力，把控现场情绪和事件走向，向有利于工作顺利完成的方向发展。人常说计划不如变化快，计划得再周详，总有出乎意料的情节，现场应变能力就显得十分重要。现场应变不但考验行政人员的反应力，还对判断和决断能力提出了很高的要求。三是提高组织管理能力，不论是什么内容的现场工作，行政管理人员大都需要对现场进行组织管理，现场的组织管理就是通过语言要求和行为指向，调动现场人员和营造现场气氛，使现场始终聚焦在既定的主题上，不偏题跑题，不南辕北辙，不荒腔走板。

现场之外的行政管理工作如何做？重视现场工作并不是说现场之外就不重要，就可以轻视。其实，台上一分钟，台下十年功，现场的成功与现场为充分的准备工作是分不开的。比如，组织一次会议或活动，大量的工作内容是事前的各方面的协调、布置和准备。现场与现场外的工作是一表一里、一阴一阳的关系，相互作用并且相互依存，缺一不可。

坐而论道不如起而行之，只有行动才能解决问题

行动是现场改善之舟。现场缺陷是改善的起始点，发现问题后，可以立即改善当场见效，如果当时未来得及，事后总结经验教训，在今后的工作中完善现场秩序。不论什么样的现场，何种类型的问题，有一点是肯定的——行动起来积极改善。坐而论道不如起而行之，只有行动才能解决问题。

行动是思想的落点，千里之行始于足下。行政管理工作因其琐碎繁杂，更需要科学有效的工作方法和思路。琢磨透彻之后付诸行动，让好的想法能够真正落地，变成工作成绩。只要积极行动起来，一切就有希望，即便短期见不到改善成效，只要长期坚持之后带来积极效果也很

好。现场改善不能过分功利主义，只要有利于提高工作效率，不论能不能得到显见的效果，都要坚持。一个企业的行政工作有时候需要更多人的持续努力。

思索和筹划与具体实施的关系，以及时间精力的分配：并不是说不可以坐而论道，而是说在弄清楚之后要付诸行动。没有深思熟虑的行动是鲁莽的，而没有行动的坐而论道则是空想主义，没有任何价值。基本原则是“多思考，深入思考，精准行动”，花六天思考，而用一天时间付诸行动。一步一个脚印，每一次行动都成为一个新的工作里程碑。

行动是行政管理的最后一里路，是任务的收官之笔。从企业行政工作的时间程序看，接受一项任务之后，首先需要计划，然后开始行动。计划是行动的基础和成功保证，行动是任务筹划的必然指向和结果。即便再好的计划，如果执行不力，也必然输在最后一里路上。布局和中盘固然十分重要，但许多时候，事关成败的往往是最后的收官环节。

企业行政管理工作中，高瞻远瞩来自于坐而论道，只有高瞻远瞩，在具体行动中才不至于盲人摸象。企业行政工作必须从属于企业的总战略和阶段性企业目标，行政部门要依据企业总的要求，组织行政部门的全体人员进行充分讨论，制定部门的行动目标。看到行政管理的形势，厘清主要任务，以年度、季度或者月为时间单位，制订工作计划。如果没有大计划引领，陷入事务主义的泥潭，也就只能在无休无止的忙乱中“盲人摸象”。

要说行动对于行政管理现场改善的价值很大很重要，肯定不会有谁会提出反对意见。不仅仅是企业行政管理工作，对于所有的工作，必须要实干，实干就是重视行动而不是把时间精力花在坐而论道上。企业行政工作本身就是属于服务和保障的工作，不属于企业战略规划工作，所以更需要实实在在的行动，而不是讲大道理，只有行动才能体现行政工作的价值。

行政管理的三重境界——望远镜、放大镜、显微镜

企业行政工作现场改善的方法论——任务计划阶段用“望远镜”，任务实施阶段用“放大镜”，事后总结阶段用“显微镜”，这也是企业行政管理三阶段的三重境界，也就是说，使行政管理工作达到最高标准的工作方法。

1. 望远镜

大处着眼，战略性筹划，确定工作方向和路线。以三段论的思路看待行政工作，将一个大目标分成三个小目标，然后一个一个努力实现，有利于工作有节奏地向前推进。任务筹划的重要性毋庸多言，好的开始就是成功了一大半，好计划为最终完成任务奠定了坚实的基础。任务筹划阶段要从大处着眼看问题，不拘泥于细节，主要是确定工作方向和行动路线，以及人员调配、资源的有效运用等。站得高才能望得远，井底之蛙只能看到巴掌大的天空。

2. 放大镜

调查研究，越仔细也就越保险，区分任务的主次，理顺次序。任务

计划妥当之后，就要付诸具体行动。这时候，需要用“放大镜”对工作对象进行研究，尽可能多地获取相关信息，从而制订切实可行的行动方案，保证行政管理不脱离实情。放大镜是为了看清楚问题实质，而不是想当然。

3. 显微镜

解析疑难问题，洞察隐性问题。没有总结，就没有提高。每一次任务结束之后，不能刀枪入库马放南山，而应该进行一次卓有成效的总结。这个时候，就需要用“显微镜”仔细回顾工作始末，不放过任何细节，总结成功的有价值的经验，发现问题，为今后工作提供借鉴。

企业行政管理工作“三镜”齐下，就没有做不好的工作。不论是大企业，还是中小企业，都可以运用“三阶段理论”来实施行政工作。尤其是中小企业，或许行政部门和行政人员也就是几个人，甚至是一个人，但不能因为企业小人员少就可以眉毛胡子一把抓。“麻雀虽小五脏俱全”，有时候越简单或许越复杂，越要有条不紊做好行政管理工作。

发现问题，带着多个解决方案去找领导

要改善现场，前提条件是发现新问题。什么是改善？改善就是在行政管理工作中发现问题，进而对问题进行改善，使工作更加完美。所以，发现问题是改善的前提条件，皮之不存毛将焉附，没有问题谈何改善？

发现问题后分析原因。任何问题的出现都是有原因的，问题是表象，原因才是深层次的问题。解决问题的关键是消除产生问题的根源，治理根源才是治本之法。不过许多问题的根源往往很复杂，并不是单一因素所致，所以出现问题之后分析产生问题的根源是工作改善的难点也是关键点，能不能找准根源不但要有观察能力，还要有分析判断推理能力。

阻绝造成问题的原因有哪些方法？事情都是有关联性的，该问题的原因也是另外一个原因的结果，也就是说，问题既是问题，也是原因。要彻底消除问题的根源，就需要层层剥皮，剖析隐藏在问题后面的一连串因果反应，揪出隐藏得最深的那个根源，只有彻底清楚了这个根源，才能解决当前的问题，不留任何遗患，就不会使类似的问题反复发作，这是彻底阻绝问题的最有效的方法。

设计解决方案，带着方案呈报主管领导。对于那些没有工作经验和职场经验的行政管理人员，发现问题之后会显得心中无助无主，会不经思考立即向上呈报问题，而对于有经验的工作人员来说，发现问题之后会初步分析原因，并且提出初步解决方案，将问题、原因和方案一并向领导报告——这样的人必然会得到领导的赏识。不到万不得已，不要向领导讨要点子，尤其不要经常问领导这事那事怎么办。否则在领导的眼里，你就是十分无能的人。事实上，领导是一个人，手下那么多人，每天都被人围住问怎么办，那这个领导就没法当了。另外，这样的下属的存在也没有什么价值，有与没有没什么差别。

作为行政管理人员，遇到问题的时候，首先想到的不是向领导求助，而是静下心来分析出现问题的原因，接着想办法解决。这既体现了工作责任性，也是对工作能力的检验。小问题自己想办法解决就可以了，最多也是将解决结果上报相关领导而已。只有当遇到问题比较大的时候，或者该问题确实十分棘手的时候，才应当及时向上级报告，通报信息，寻求帮助。即便是报告，也不能仅仅报告出现了什么问题，而要附带报告自己的分析，以及对解决方案的设想——方案最好不是一个而是若干个，为领导提供参考。

第十三章 步调一致，才能取得胜利

团队战斗力来自于合力，需要所有的团队成员同频共振。而同频共振需要有一个凝结核心——核心人物或者核心班子，而且团队还要有一个健全的组织和约定俗成的成熟的组织原则，这个组织原则要么是少数服从多数，要么是“命令—执行”式，只要能保证步调一致即可。思想四分五裂，行动就会分崩离析。团结一致是执行团队路线的基本保证，步调不一致，怎能取得胜利？保证团队团结的关键因素：一是要有坚强的领导集体，具有强大的凝聚力，有让团队成员心服诚悦的工作威信力，公正开明不谋私利；二是团队成员素质好品质高，能顾全大局，自觉维护团队的集体利益，不搞个人小动作；三是具有良好的团队文化，有善于团结的优良传统。

“团队”的意义在于“1 +1 >2”

团队要成为个人能量增益器，团队内要能使个人资源优化组合，从而形成强大的集群能量。单个的水滴很脆弱，但当无数水滴组成团队之后，会爆发出排山倒海的巨大能量。团队的价值和意义就在于“1+1>2”，形成团队之后，假如能量不但得不到强化，反而因为内耗等原因而减弱，那么这样的团队就没有战斗力，迟早会被职场或市场所淘汰。

任何团队都要杜绝个人英雄主义。团队精神的要点是协作和配合，而不是彰显个人的单打独斗能力。任何团队都要旗帜鲜明地反对个人英雄主义，企业行政管理团队也不例外。个人英雄主义不但不能强化团队的能量，反而会破坏团队凝聚力，影响团结，进而削弱集体的力量。对此，不管是团队领导，还是团队普通成员，都要有十分明确的认识。

团队最怕的是内耗，要想建设一个坚强的团队，首先团队内部要团结，要齐心协力，要弘扬集体主义精神，消除个人主义倾向。也就是说，团队内部不能有内耗。不齐心是产生内耗的根源，各有各的小算盘，劲就不可能往一处使，相互掣肘的现象就会频发。团队成员的个人品德素质是基础，团队领导的领导水平是关键，成员素质低品质差，领导缺乏领导能力，团队成员四分五裂，团团伙伙大行其道，这样的团队形同一盘散沙，难以聚合形成强大的合力。关于个人素质，需要把好人员的招聘关口，发现害群之马，要坚决剔除。企业高层要为行政部门配备有领导力的负责人，严把品质关和工作能力关，要能以德服众，其工作能力要能让下属心服诚悦，也就是说要有工作威信。

功能强大的机器是由千万个零件组成的，这些零件相当于团队里的个体。有任何一个零件存在质量问题，都会影响机器的性能。团队建设中，首先要对团队成员进行筛选，每一个成员的素质都是团队战斗力的必要条件。团队的集体能量如何，关键是看组成团队的每一个个体的能量如何。企业的行政部门担负着为整个企业网罗人才的重任，首先要强化自身的人才建设。尤其要有一个有能力的行政部门领导，这是最为关键的因素。

依赖团队发挥个人能力。企业的行政部门领导要时刻教育下属，要抑制个人主义倾向，要发扬集体主义精神，使所有成员自觉地维护团队利益，这样的团队才有战斗力。要让所有成员都明白一个道理——只有将个人完全融入到团队当中去，才能发挥出个人的最大能量，离开了团队，你什么都不是。不但要明白这个道理，而且要在平时的一言一行中体现出来。聪明的成员一定明白这个道理，但也会有人总想超越团队显示自己的能耐，这就需要加强说服教育。事实上，个人英雄主义对己对团队都有百害而无一利。

无序面临败局，要有序地向目标迈进

团队秩序是保证团队团结一致的基础因素。团队秩序包括好几个层面，最重要的是工作秩序，当然，工作秩序必须建立在其他一些秩序基础之上。秩序是相对固定的工作程式，不论是工作时序还是工作内容都有一定的规矩，不能乱来。秩序也可以解释为工作纪律，纪律必须强制执行，当然有些规矩是在长期工作中逐渐形成的，是约定俗成的。这些纪律或约定俗成的规矩在长期的企业行政工作中慢慢地成为行政工作人员的职业道德。

团队的行动秩序始于计划。对于企业行政工作而言，要想使行政工作有序推进，首先必须要制订工作计划。年度有年度计划，季度有季度计划，每个月有每个月的计划——计划要切实可行，实事求是，不能成为无法落地的摆设，不能成为不可触及的空中楼阁。科学客观的计划是建立工作秩序的前提保证，制订计划比执行更重要，如同建造大厦之前必须要绘制工程规划图，规划图决定了大厦能不能有序地一步一步地建起来。有的企业总认为行政工作就是打杂，要不要计划无关紧要，把行政部门当消防队看待，这也就使得行政工作乱作一团，毫无秩序可言，乱中出错难以避免。

计划不能变成空话，不但要保证能够实现，而且要尽可能最大限度发挥出团队的极限能量。制订计划的步骤和原则为：第一，要参考上一年度的实际工作，为制订下一年度工作计划提供依据。这样做的好处是避免凭空想象，制订出不合实情的工作计划。第二，吃透新年度的企业规划和发展战略，行政工作要为企业战略服务，要在企业整体发展战略基础上制定自己的工作规划。这样的计划才有意义，才能得到企业高层的赞赏和肯定，才能得到其他部门和企业员工的配合与支持。第三，不但要制定目标，而且要列举措施。目标是否适度，关键要看措施是否得力——使目标和措施能够实事求是地衔接起来。

团队计划与团队战略目标的关系。企业有企业的大战略，行政部门有行政部门的小战略。虽然说行政部门的小战略要为企业的大战略服务，但行政部门的小战略也要相对地自成体系。行政部门的工作计划中，战略目标应该是不可缺失的一项内容。战略目标是从大局出发为行政部门提出一个奋斗目标，这个目标可以很具体，也可以是宏观目标。战略目标的确定可以从不同角度考虑，比如履行职能的角度，或者工作标准的角度，或者企业高层的评价角度。确定了大的战略性目标，团队计划就可以区分模块来展开制定。

计划的秩序——主次、目标任务的实现顺序以及人力分配等。行政部门工作计划要明确指出目标，并且区分目标的主次关系，围绕各个目标进而提出资源等方面的保证和行动措施，确定各个工作目标的实现顺序。

团队计划与团队成员个人计划一致性。企业的行政部门在制订团队工作计划的同时，有必要要求所有人员制订个人年度计划，其关键是不要流于形式，而要结合团队计划，将个人的年度计划融入到团队大计划中去。

多用“干预之手”，实现多方平衡

团队是个有机的整体，要想使团队有凝聚力，不是说成员能够完全保持一致性，而是影响团队的各种外力和内力达到相对稳定的平衡状态。当作用力改变的时候，原有的平衡就会被打破，团队状态就会发生一定的振荡，出现这样那样的问题，常常会严重影响正常工作。当团队不能保持一致的时候，部门领导就需要及时伸出有力的“干预之手”，强制性地实现团队的再平衡。

团队治理需要“两手”——无形之手和有形之手。无形之手的驱动来自于内部的人际环境，在成员个体之间的自然沟通和交流过程中，逐渐形成一种相对固定的个人关系及工作关系模式。有形之手是团队主管以及团队组织的管束力，作用是对于团队的失衡现象予以矫正和纠偏。

任何团队都会承受各方面的力的作用，企业行政部门也不例外。团队始终处于“平衡”和“不平衡”的变化当中，平衡是相对的，不平衡则是绝对的。平衡的时候，团队表现得很稳定，而当团队处于不平衡的时候，工作中的问题则比较多，人际关系紧张，工作开展不顺利。如何保持团队平衡是团队领导分内的工作职责，责无旁贷。对于影响团队稳定的因素要及时分析并予以坚决剔除，该干预时就要干预，不能手软，不能抱幻想留余地。具体的干预方法有以下几点。

一是调整相关涉事人员，重新配置人力资源。任何问题的发生归根结底是人在其中起作用，调整相关人员是阻隔问题再度发生的狠招。有的时候，并不是人员本身有什么大问题，而是配置不合理。人总是有个性的，人与人之间的个性是否相合，人与事是否契合，都是领导者必须要考虑的问题。正如俗话所说的男女搭配干活不累。

二是针对问题制定专门的规定，进行强制矫正。企业管理中不论是对人的管理还是对事的管理，提倡人性化管理没有什么不对，但不排斥特殊情况下采取强硬的管理措施。一味地软性管理对于绝大多数人来说或许管用，但对于个别人员或许会成为违规的机会。所以，企业管理也要软硬兼施才行，该软的时候要尽量软，该硬的时候也要敢于硬。

三是对工作任务从时间、内容和人员等方面进行重新规划。企业行政管理中的工作任务是硬性的，无论你如何看待，它都在那儿，部门领导能做的就是针对工作任务进行筹划和安排。团队矛盾通常都是在工作中暴露出来的，或许是因为工作安排出了问题。经过分析，假如发现是工作安排有问题，那么要敢于及时承认错误，及时推倒重来，重新筹划。

明确任务并重点分配人与时间

增强企业行政团队的合力，需要抓好部门内部的管理工作。行政部门内部也存在行政管理问题，工作任务的分配、定人、定位、定标准、定时间等都必须安排妥当。团队的团结一致不是空想来的，而是由许多工作细节塑造出来的。领导要善于用人，善于利用各种资源，人尽其才，物尽其用，要公平公正，这样才能以理服人。人心齐泰山移，假如领导能力不济，就会出现诸多抱怨，就会削弱团队凝聚力，工作就会陷入被动。

对于中小型企业而言，专属的行政部门人员不会很多，即便人员很少，也要理清工作头绪，任务有分工，岗位有规定，责任到人，齐心协力，相互配合，眉毛胡子一把抓容易发生疏漏。

行政部门的内部工作管理有许多思路，可以对行政工作划分条块，然后安排人员各负其责，也可以按照工作任务来安排人力——项目制管理方法，还可以按照时间来管理。不论哪种方法，影响执行过程和结果的关键要素有两个——时间要求和人员确定。确定了人员，规定了时间，那么工作就会有条不紊。

在进行管理时，还要明确时间管理、任务管理以及人员管理的特点、区别和要点。

时间管理的核心是时间，侧重点是时间而不是人员或工作内容等。什么时间安排什么人员做什么事情，以时间点为主线，对行政工作进行有效管理。任务管理也叫项目管理，其核心是单项任务，关注任务的筹划、开始、执行过程和最终结果。人员管理的核心是员工，采取的是盯人战术，全程监督人员的行为状态。人员管理的要点是“什么时间什么地点在做什么”，对人员进行严格管理，所有人员都不能处于失控状态。这三种管理方式相互交融，你中有我，我中有你，比如时间管理中，有对人的管理，也有对任务的管理。

完善指挥监督系统

企业行政工作的指挥系统和监督系统很重要，这一系统的主体是行政部门的领导者，客体是其他行政管理人员以及各类工作任务。指挥系统不健全，工作就会乱作一团；监督系统不完善，工作质量就得不到保证，就不能及时发现工作中出现的各种问题，就不可能实施现场改善。

不论是指挥系统还是监督系统，都与工作信息的传递效率有关。如今是信息时代，企业管理也可以称之为信息管理。行政部门指挥监督系统也是建立在信息管理基础之上，信息既是抓手，也是目标，指挥是否及时到位，监督是否真实确凿，关键要看信息系统建设质量。信息系统建设包括硬件和软件两个方面，硬件设施包括电脑、显示器、摄像头、网络、专门人员等，软件指能够使硬件发挥效力和作用的各种数字化程序。信息化、网络化是现代企业行政管理必须要完成的必修课目，依靠传统的思路和方法很难适应现代企业的发展需求。企业的行政部门是企业转型升级的主力部门，理应走在信息化改造的前列。

企业行政管理最好实行“由行政主管到一线员工”的直线指挥模式，分级指挥模式的效率相对要低得多，会浪费宝贵的管理资源。但对于大型企业，组织机构复杂，人员构成复杂，工作头绪多，直线指挥模式显然无力应付，只有采取分级指挥的内部组织系统来遂行行政管理工作。总而言之，企业行政管理指挥监督系统需要与时俱进，更需要实事求是。

第十四章　制度定得好，工作扯皮少

企业行政管理就是管人管物管环境，具体工作中交叉点比较多，如果人员的职责不明，容易造成扯皮现象，不但影响企业整体建设，还影响行政部门形象。克服行政工作中人员之间的扯皮现象，主要是要做好内部人员管理，通过制定各种工作制度，明确每个组别和人员的工作范围和职责，任务到人，责任到人，各负其责。所以，内部管理制度订得好不好，直接关系到企业行政管理工作的效率。

"谁"管理"什么"

行政管理工作制度其实就是确定工作流程，将所有工作范围划分出若干个相对独立的条块，也就是区分不同类型的工作任务，然后安排适合的行政人员专项负责，在这一过程中要做到两个明确，一是明确任务，包括工作内容、要求、标准、期限等，任务不明确就容易出现扯皮推诿现象，给个别人员找借口提供了方便；二是明确人员，也就是"定人"，每一项工作都要指定专门人员来负责，人员不落实就会使工作出现无人管的状态。

如何明确任务？这里介绍一个好用的工具，叫作 MECE 分析法，全称 Mutually Exclusive Collectively Exhaustive，也就是“相互独立，完全穷尽”。也就是对于一个重大的议题，能够做到不重叠、不遗漏的分类，而且能够借此有效把握问题的核心，并解决问题的方法。明确部门的工作任务时，先穷尽所有具体业务，然后合并同类项，分成模块。注意：模块设置之初别纠结于名称叫什么，要注意区别于其他业务模块的独立性。这样就会形成一个好的思维板块。例如，我曾根据几家企业的不同特点，帮助企业将行政管理职能设置为以下几种模块：

A 企业六大模块：行政事务管理、文秘纪要管理、行政后勤管理、安全保卫管理、网络信息管理、行政人事管理；

B 企业四大模块：行政职能建设、制度建设、行政后勤保障、企业文化建设；

C 企业四大模块：总办运营、资源管理、总务后勤、知识中心。

这样，我们在后期结合行政职能胜任力素质模型就可以非常清晰地进行人才建设工作了。

上述的模块没有什么绝对的对与错，只有适合才是唯一的标准。就像人力资源，虽然表面看起来很多企业都已经很重视了，但事实上很多企业还是在同行业企业中的攀比。人力资源的六大模块可以像万金油一样搬到任何企业里，但我并不这么认为。我相信六大模块的发明者也是基于更好的理解与落地设置的。难道以“选、育、用、留”作为企业的人力资源四大模块就不好用？

“谁”管理“什么”。带有敬畏感地去寻找这个问题的答案，并将这个答案付诸实际，这才是对于管理的务实态度。

做“事前诸葛亮”，而不是“马后炮”

工作中有两种工作思维：一是事前诸葛亮，二是马后炮。事前诸葛亮——做好工作预案，想周全，把问题和困难想足想透想清楚。马后炮——事前浑浑噩噩，粗枝大叶，准备不充分，事到临头手忙脚乱，该出手时不出手，行动迟缓不及时，出问题后推诿责任、说三道四。这两种状态的利弊显而易见。

事前需要做好哪些工作？做好事前工作比事后当消防队员要有效的多，一是可以预防不良事件的发生，二是一旦发生了可以作为参照方案，避免一时慌乱，做无头苍蝇。很多公司在编制制度时，会附有预防措施控制程序、纠正措施控制程序以及应急措施预案，从源头开始做好预防，并将可能发生的事情的整改和应对方案提前做好。公司要做好制度和流程，员工要认真学习和执行流程，按制度办事，例如，行政部接待访客，就要提前了解访客是谁，一共有几位，都是什么职务，到达的具体时间，等等，然后参照公司接待制度和流程，制定接待办法，一一落实到相关人员，这样就不会等客人来了，大家才开始忙乱。

百密一疏，预防只能想到可能发生的，但是无法保证全部的失误，一旦出现纰漏，该有怎样的心态和行动？亡羊补牢，为时不晚，千万不要破罐子破摔，及时决断，还有可能阻止事态进一步恶化。能挽救一些就挽救一些，一定要保持这种心态。学会临危不乱，镇定面对，迅速找出应急预案，快速联系相关人员进行处理，必要时可以成立紧急事态小组，第一时间做出反应，安排人员迅速补救。

怎样才能成为事前诸葛亮？

一是心态端正，认真、严谨对待工作，认真分析工作中可能会出现的失误，提前做好预防措施；二是改掉和杜绝拖拉、懒散的工作陋习，让工作井井有条，避免出现乱象，事态一旦失去控制就会容易产生不良后果；三是明确工作态度，认识到事前预防的重要性，不轻视预防的作用。

马后炮的危害？

这种现象在很多企业都存在，也发生在很多员工身上。可以想象，这种现象造成的后果可大可小。小到材料没准备好延误了会议，大到安全管理制度没做好，导致工伤事故等。切记工作不要有这种心态，否则，后果会是灾难性的。总结起来有三点危害：一是延误时机，该办成的事情没有办成；二是没有及时发现不良事件的苗头，导致事态扩大化；三是事情发生后，没有及时予以纠正，导致事情一发不可收拾，失去控制，损失更大。一定要杜绝这种心态，避免不必要的损失。

建立管理体系，治理扯皮风气

企业行政工作的管理体系应该如何建立？

为什么说建立管理体系是治理工作扯皮现象的“药方”？现在我

们讲究法制社会，依法治国，人人遵守法律，事事有法可依，既约束了人们的行为，又对违法者提出了处罚意见。如此一来，社会才可能安定发展。企业也是一样，要想避免混乱，人人各司其职，就要建立管理体系，做到先引导，后奖励、处罚，规范员工的职业行为。在管理体系下，企业的工作任务很多，先以部门为单位划分，然后落实到个人。为了引导员工开展工作的方向，让员工知道什么行为是值得提倡的，什么行为是不能去做的，还要配有相关的制度和流程去约束和引导。因为工作任务已经分配到个人，也有了相关的工作流程，员工就要根据制度规定的职责和流程去开展工作，一旦没有完成任务，就可以追溯到个人，然后进行处罚，追究相关责任。很多企业之所以能够从小微企业发展成大企业，甚至进入世界500强，靠的就是系统化的管理，整个企业部门分明，工作任务明确，人人各司其职，制度和流程完善，因此企业的效益高，于是在企业里福利待遇好，企业员工爱岗敬业、流失率低，工作效率高，又进一步推动了企业的高速发展。这是一个良性的循环圈。

扯皮现象的具体表现和危害？

试想一下，没有制度和流程的情形，大家吃大锅饭，干好干坏都一样，工作任务杂乱无章，没有具体的责任人，遇到困难的工作任务肯定会互相推诿、推托，这是人趋利避害的天性。到最后，工作怎么能做好？法不责众，因为没有责任到人，不能具体追究到相关责任人，事情可能就会不了了之，最后整个公司就会形成懒散、扯皮、推诿的工作作风，工作效率低下，员工关系不和谐等一系列的不良反应，最终拖垮企业。

对人讲感情，对事讲标准

对人讲感情——提倡人性化的行政管理。有人情味的好处体现在哪里？一般来说，这样的企业会有家的感觉，容易让员工产生安全感和归属感，感觉自己被优待和关爱。是人就难免犯错误，“知错就改，善莫大焉”。换位思考，将心比心，考虑对方的特殊情况，就会知道犯错者的心态，其实很多犯了错误的人内心都已经后悔了，或者已经很难过了，他更多需要的不是被批评和惩罚，而是理解和宽容以及人性化的关怀，比如，为什么会出现这样的错误，下次一定不再犯这样的错误，等等。所以对人讲感情，容易激发对方的感激之情，以后更加投入工作。

对事讲标准——工作标准一定得有，但要不要有一定弹性？在人情与标准有了冲突时，该如何看待和处置？中国的管理者很多时候会遇到这样的难题，因为太多企业都是家族企业，很多人都是裙带关系，不好随便“开涮”。但是如果为了一团和气谁也不得罪，企业有没有办法管理好。这时候该如何看待和处置？第一，分析利弊，影响太大，引起公愤，或者后果很严重，那么势必要杀鸡儆猴，堵住悠悠众口；第二，道理要讲明，企业是大家的企业，企业好了大家都好，让员工学会识大体，为公司长远利益考虑，必要时要牺牲个人利益，顾全大局。理解管理者的难处，尽量做好工作，不要让领导为难。

“对人讲感情，对事讲标准”其实就是“小事讲感情，大事讲原则”。平衡好感情与原则，把握限度。平衡和和谐告诉我们，任何事情都有度，把握好这个度很重要。在企业里，不讲感情是不行的，不讲原则也行不通，那么就要找一个折中的办法——灵活运用，把握好度。小的问题，可以讲感情，无伤大雅，不会造成大的危害。大的事情，一定要考虑和权衡后果，不可以轻易放弃原则，引发大的危害。比如，某员工挪用公款，即使这个人后台太硬，也需要给予惩戒，否则一旦助长这种歪风，就会把很多员工带入歧路。

不讲感情的危害？

是人，就有七情六欲，人不是冷漠的机器，不讲感情就会失去追随者。讲感情不等于不讲原则，这是需要区分的。不讲感情的危害有以下几点：一是会伤害对方，让人感觉冷漠无情，没有安全感和归属感；二是中国的国情就是比较人情化，如果不讲感情会让人无所适从，不想再沟通和合作。所以，在制度的大框架下，也要讲感情，讲人情，法律还讲究法外有情呢！

不讲原则的危害？

很多家族企业或者合伙企业，最后走不下去，很大一部分原因就是不讲原则，大家都追求一团和气，没有奖罚，有制度也形同虚设。不讲原则的危害表现在：第一，破坏了公司的平衡，让人失去做事的动力，反正做好做坏都一样，做错也不会受到处罚；第二，在企业里，尤其是在家族企业里，不讲原则会助长某些歪风邪气，导致公司失去正气，公司氛围混乱。

和谐行政团队的六大原则

和谐团队要遵循以下六大原则。

1. 有全局观

何谓全局？全局就是大局，整个集体和团队的利益、长远的利益。为什么要有大局观？因为在大多数时候个人利益和团队利益是相同的，某些时候却会发生冲突，看似需要牺牲个人利益，其实却是暂时的，对企业的长远发展是有利的。很多公司在拓展业务的时候可能会遇到资金短缺的压力，因此会对本部的员工福利等暂时进行压缩，以调动更多的资金运转。这个时候，有的员工能够理解并支持，有的员工却会因此工作积极性下降，甚至离职。因此，只考虑个人利益、斤斤计较的员工多了，企业肯定不能有大的发展。众人拾柴火焰高，大家都朝着一个目标前进，才有实现目标的可能。

2. 认同企业的价值观

每个成型的企业都会有自己的企业文化，形成自己独特的价值观，这表现在企业的理念、目标等方面。从新员工入职开始，企业就会对新员工进行入职培训，引导员工认识、熟悉企业，包括企业文化和制度等。一个员工，首先要能认同企业的价值观，才能在企业很好的成长。这种认同，是发自内心的认同和支持，继而转化为工作动力，促使自己在这个团队中认真、努力、积极向上、团结同事等。一个不认同企业价值观的员工，内心总是有一种不情愿和抵触心理，不能很好地融入企业，不能产生归属感，因此在工作和生活方面都会有负面的情绪。比如，总觉得别的公司待遇好，工资高，办公环境也好，工作中就会无精打采，导致工作效率低下，人际交往方面，可能因为总是抱怨，散发负面信息而不为同事所接纳。所以，一定要热爱自己的企业，工作是自己选的，没人逼你，既然选择了，就要忠于自己的选择，为自己的选择负责。身在曹营心在汉，这种做法实在不可取，与其要死不活让自己不痛快，不如快快跳槽，另谋出路。要快乐的工作，不要把它变得痛苦不堪，因为在人生中工作要延续很多年。

3. 合理化的冲突

每个人的生活环境不同，比如家庭条件、学历、经历等，造就了每个人的独特个性。因此，不同的两个人，即使再志同道合，也难免会有分歧，合理化的冲突既然不能避免，就坦然面对。冲突，也是一种沟通，是沟通的过程，虽然方式比较激烈，只要局面还在控制之下，能有最后的结果，那也无可厚非。比如上面讲到顾全大局的问题，可能人力资源部就会需要出面与员工进行沟通，但因为涉及个人利益，难免会出现冲突，只要能在最后达成一致，共同为企业的前途谋发展，冲突也就无关紧要了。但是要记得，公司里的事情，其实就是工作，大家都是为了把工作做好，就事论事，不针对人，不要把个人恩怨带到工作中，借题发挥，制造不必要的冲突和矛盾，影响公司的和谐氛围。

4. 求大同，存小异

在同一件事情上，每个人都会有自己的看法，有些人的看法一致，有些人则另有想法。完全一致不太可能，不能达成一致也无法定案，最好的解决办法就是求大同，存小异，只要大多数的意见是一致的就可以了。这就是会议表决过半数通过或者85%通过的意义。

5. 各司其职，各安其位

在行政管理体系下，正常的状态是每个人各司其职，各安其位，互相协助，沟通良好。如果企业存在推诿、扯皮、工作没人干的情况，证明某些制度和流程还存在漏洞，需要通过分析找出问题，进行修订和再造。

6. 讲纪律，讲时效，讲表率

在企业里，很多老总会给员工讲自己创业的故事，一方面是让员工了解公司的由来，另一方面是给员工做一个表率。创业是艰苦的，创业成功付出太多的心血，这个过程的拼搏、坚持和奋斗，值得每一个员工学习。无组织无纪律，是一个懒散不成系统的状态，在这样的环境下，员工肯定不会有高的效率，所以在一个组织里，必须要讲纪律、讲时效，才有可能冲破竞争，在市场中占有一席之地。

第十五章　沟通有窍门，创造优势空间

企业行政工作少不了与各类人员的沟通，沟通是行政人员必须要学习和掌握的一门实用技术。只有懂得沟通的技巧，才能沟而通之。沟通不能流于无效果的形式，不能说我已经沟通过了，但不问效果如何，而要追求有效沟通——即便是有效沟通也有明显的区别，只有彻底解开了对方的心理疙瘩，才算真正的有效沟通。思想通了，一通百通，怨言不见了，抵触情绪变成了主动的配合，阻力变成了合力。

为什么需要情绪管理

什么是情绪管理？顾名思义，情绪管理，就是自我克制，管理好自己的情绪，引导和协调情绪向着良好的方向发展。情绪，有好的情绪，如积极向上、热情、乐观、快乐、高兴、奋斗、知足常乐等，也有负面的情绪，如焦躁不安、消极、悲观、恐惧、疑虑、压抑等，情绪充斥着每个人的生活，影响着个人的生活态度和质量。好的情绪能够引导人向着社会主流的方向发展，形成稳定的人格，有利于个人的发展也有利于社会的安定。不良情绪如果不加以控制，则会把人拉向堕落的深渊，导致人格扭曲，思维异变，后果堪虑。情绪影响着我们的工作和生活，甚至会影响一个人的健康，所以情绪管理至关重要。

情绪不仅影响个人，还会“传染”给其他人。所以情绪的管理是双向的，具体表现在：首先管理好自己的情绪，然后影响对方情绪。“踢猫效应”中的坏情绪“传染”，就是一个接一个的传递过程。尤其是在一个团队中，有一个人的情绪不好，就很有可能带动其他人的情绪变动，而且这个人的职位越高，影响越大。在军队中，情绪不高会影响士兵作战的士气，可能导致战争的失败。在企业中，若员工情绪不高，会导致无心工作，效率低下，甚至有可能因为不良情绪造成矛盾和冲突，这在客服人员身上体现得更为明显。客服人员的首要要求就是微笑服务，不管面对多么难缠的客户，都要坚持公司的服务理念，尽量避免冲突。但是人的情绪是多变的，任何一种情绪也是有限度的，不能过度压抑，要学会宣泄和释放，才能管理好情绪，否则一旦情绪崩溃，就会一发不可收拾。当一个人能够很好地管理自己的情绪时，他就能带给其他人更多正面的影响。“强将手下无弱兵”，说的就是这个道理。作为领导，要管理好自己的情绪，每天带给员工积极的、乐观的、顽强不屈的精神面貌，让员工感觉充满阳光和希望，在工作中就会轻松快乐。员工要管理好自己的情绪，在公司里乐观、积极，待人接物热情大方，不消极狭隘，不怨天尤人，也会影响其他的员工，一起努力，营造快乐的工作氛围。

情绪管理在企业行政管理工作中有着重大的意义，主要表现在：影响整体的工作效率和状态，良好的情绪管理下，员工各司其职，认真工作，不抱怨，不推脱，以工作为荣，以企业为荣，团结同事，服从领导，特定岗位人员也能以工作为先，调整好自己的状态。企业内部一片祥和，工作井井有条，不仅内部员工感觉工作快乐，客户和访客也能感受到企业的良好氛围，有利于树立良好的企业外部形象。

行政人员情绪管理要点：一是凡事以工作为主，少一些计较和个人利益；二是工作就是工作，不要把个人感情强加进来；三是以公司为家，多一些真诚、包容和理解，互相关爱。感情是相互的，你主动释放善意，别人才会回报你善意。

情绪管理需要注意的几个问题：一是给自己定位，然后分析我需要面对的人群和工作需要我做出什么样的情绪反应，没有必要时刻紧绷，否则只会累坏自己；二是尽量控制情绪，不要大起大落，这样对健康不利；三是学会释放和疏导，用心经营自己的情绪，当发现自己太过焦躁时，不妨练练书法，去野外散散步，或者钓鱼、与好友谈心，及时让心情回归正常。

做好人，但不能做烂好人

好与坏是相对而言的，侵犯了别人利益就被认为是坏人，是不是好人要看维护谁的利益。烂好人是没有原则地维护任何人的利益，其实有的人的利益是不道德的甚至是违法的，这样的好人就做不得。行政管理维护的是企业的利益，维护的是企业大多数人的利益，对于侵犯企业利益的行为要坚决反对，不能得过且过做烂好人，不敢得罪坏人，也就得罪了绝大多数的人。所以说，想做烂好人，结果是做不了好人，费力不讨好。

那么，要做什么样的好人？企业里，具有良好职业道德的人就是好人：维护大众的利益，这叫好人，如果只是维护个人的利益，那叫为虎作伥。有自己的价值观和是非观，分清善恶，不被坏人利用，这叫好人。坚持本分，不越雷池，不妄想天上掉馅儿饼，踏踏实实做好工作，不为了个人利益损害大众利益，这叫好人。所以，要做什么样的好人不言而喻：一是做有原则的人，严格按照企业的规章制度办事，不为自己或者任何其他人谋私利而放行。二是做明辨是非的人，如果知道这件事是不对的，那么即使是公司领导也不能妥协。三是做好分内事，同事遇到困难，热心帮助解决。

好人难做，这是很多人的感慨，很多时候费力不讨好，有时候是做了好人反而是枉做，不仅别人不领情，还可能害人害己。那么哪些情况下不做烂好人？第一，明知事情是错的，还助纣为虐，这在法律上的定位是“帮凶”，一旦发生意外，说不定还会被拖下水，或者被反咬一口。在电线电缆厂负责库房管理的小李，被同事央求拿几米电线回家用，因为平时关系很好，而且也没有多少东西，小李就答应了。恰好赶在月末盘点，小李的不良行为被发现了，因此被单位记了大过加罚款，弄得小李干生气没地方撒。第二，对方一味索取而不愿意付出时，你也该适可而止，学会拒绝他的要求。有的人算准了某些烂好人的个性，一而再再而三地索取和要求，不能总是姑息，否则时间长了，一是养成他的坏习惯，二是影响自己的好心情。人与人的交往是平等的，谁都不是圣人，能做到施恩不求回报。你总是付出，也会累的。第三，心怀叵测的人和居心不良的人，千万不要惯着他们。你为他们做事的时候，可能他们还在背后笑你傻，觉得你真好利用。这种人你做多少也换不来他们的感激。

容易，只有能“容”才能变“易”

在与人沟通的时候，要宽宏大量，也就是要能容人容事，这样沟通的余地才比较大。只有宽容，才能使沟通变得不那么困难。如果针锋相对、锱铢必较、动辄得咎，那么沟通必定会很难。

人的宽容是怎么修炼的？宽容是一种美德，是一种品德高尚的表现。要有宽容的心态，首先就要心胸宽广，要能容他人不能容之事，看淡，不要死守不放。很多事情当时看起来很严重，很让人挂心，过一段时间回头看看就会发现其实没有什么大不了的，说不定自己还会纳闷自己为什么那么较真；其次就是学会换位思考。

企业行政管理为什么需要宽容？人非圣贤孰能无过，犯错不代表这个人能力不足，也不代表这个人人品不好。只有宽容，才能敞开心胸接纳，如果斤斤计较，逮住别人的错误不放，或者揪住他人的弱点针锋相对，肯定不会有和谐的工作环境，而且人的精力是有限的，把过多的心思用在对付别人身上，就会工作效率下降，对个人的发展也是不利的。你宽容别人时，别人会对你心存感激，当你犯错时，别人也会对你回报以相同的宽容。

企业管理者更应该宽容，因为当别人犯错时，是因为他做了事情才会犯错，证明他是有改过的机会和潜力的，帮助员工改正错误，会拉近彼此的距离。相比那些怕犯错而不做事的员工，这样的员工更有培养的价值。

企业有制度，做人要有原则，但是做人还要学会宽容，那么宽容与坚持原则会有冲突吗？一般来说，可以宽容的事情，都是无伤大雅的，或者主观上不情愿只是不小心做错的事情，而且是初犯或者很少犯。这样做有利于引导员工形成一种意识，犯错可以，但是要记得吸取教训，同样的错误尽量不要再犯第二次。大是大非方面，是必须坚持原则的，因为它造成的影响比较大，如果不予以惩戒，很难服众，也很难消除不利影响。

有一点是需要注意的，那就是宽容但不要被人认为是太好说话。我们见过很多这种人，给人的印象是模糊的，只感觉此人好说话，怎么都行，没有主见和原则，过目即忘。什么事情都有度，宽容也是一样的，无限度的宽容就会容易把别人“惯坏”，认为什么要求都可以提，肆无忌惮。这种情况其实并不是为对方好，还可能害了对方。你无限制的宽容他，不代表别人也会这样，当他养成了不良习惯，遇到挫折可能就会受不了，也不能接受批评和教育，无法更快的成长。

动什么，也不能动脾气

什么是脾气？一般可以解释为人的习性，或者特指怒气。常见的相关词语有发脾气、脾气暴躁、好脾气等。

什么样的人容易发脾气？这是一个值得深思的问题。从前智商被推上首位，后来情商凌驾于智商之上。情商高的人能够较好地调整和控制情绪，情商低的人则不太能管理自己的情绪。所以，可以说，一般情商比较低的人容易发脾气。容易闹脾气的人有小孩、女人，还有酒后的男人或者天生火气大的男人，或者遇到某些不愉快事情的人，这些群体的人自控力差，很难管理自己的情绪，于是就任由不良的情绪发泄出来，就是我们俗称的发脾气。

职场上的发脾气，一般源自员工的工作没有做到位，或者做错了事情，再或者就是沟通不畅，各执己见，最后导致矛盾升级，一发不可收拾。

企业行政管理人员为什么不要轻易发脾气？职场不是家里，有人包容我们的脾气。大家都各司其职，各有各的难处，互相理解和包容、学会换位思考才是良好的职场伦理，不要试图让别人宽容你。身在职场，不要轻易发脾气的原因有以下几点：一是不能和同事发脾气，同事同事，每天共同做事，抬头不见低头见，关系闹僵了不利于工作的开展，也不利于获得同事的帮助；二是不能轻易和员工发脾气，每个人都是有自尊心的，尤其是现在的90后、00后，都是家里的独子，都很娇惯，如果随意发脾气可能会产生抵触心理，不利于工作的开展，与其教训，不如引导；三是不能和客户发脾气，客户是我们的上帝，如果得罪客户，就会失去饭碗，不仅对企业不利，对个人的发展也很不利。所以要学会控制情绪，把脾气收起来，和谐才是王道。

平心静气是一种成熟的性格，是一种素养。前面说到容易发脾气的群体，都是自控力差的人，其实就是一种不成熟的表现。中国有句古话叫“良言一句三冬暖，恶语伤人六月寒”，气头上肯定没好话，注定会伤害对方，不仅起不到正面的效果，还有可能引起反弹和抵触。整天气得跳脚的人，通常给人的感觉是没有涵养，不容易团结人。平心静气是一种素养，中国人讲究修身养性就是这个道理，真正做到宠辱不惊，那就是得道了。平心静气的人通常给人感觉慈眉善目，表情祥和有亲和力，能让人自动围绕在他的左右。

动怒发火会让事情变得没有余地。身处社会，每个人可能都有过发脾气、发怒的情况。回想一下，是不是一旦动怒、发火，就会让事情变得更糟？当双方沟通不良、言辞激烈的时候，如果有一方动怒，拍桌子发火，矛盾肯定会升级，本身可能稍微缓和一下就能谈成的事情，最后因为这个举动导致事情没有转圜余地。这实在是不可取。

即便十分生气，也要忍住，做到不随便发火。成熟的人格就是学会“忍”。忍的造字含义颇深，心字头上一把刀，人就是要严格要求自己，才能走向成功。没有自律，难以成事。遇事要冷静对待，克制自己，每次要发火之前，深呼吸，平定怒气，多想想发火之后的不良后果，对于控制脾气是有利的。

调解纠纷的语言艺术

社区居委会、劳动仲裁机构等，都充当着调解员的角色，帮助矛盾双方解决困难。企业内部，领导和主管可能更多的充当着这方面的角色。一般来讲，中间人重在讲道理，不选边站队，不添加主观感情，只站在客观的角度予以评价和调节，这样的调解才是客观的、公正的。一旦调解者加入了个人的感情因素，选择了其中任意一方，都会造成调解的有失公允，造成不满和更大的矛盾。当矛盾双方带着纠纷和问题找你调解，首先是对你有着希望和信任，希望你能把他们纠缠不清的事情捋清，给他们一个满意的交代。如果调解结果双方不满意，就会对你失去信任，甚至有人心存怨念。所以调节者一定要公平公正，不要偏向任何一方，就事论事，不论亲疏。

中国有句古话“公说公有理，婆说婆有理”，既然会有争执，肯定是双方各执己见，互不相让，都认为自己是有理的一方。在这种情况下，如何帮他们决断？好的办法就是提出折中方案。既然双方达不成一致，那么不妨各退一步，达成共识，否则这个结是不容易打开的。比如，两个销售人员都说对方抢了自己的客户，领导该怎么决断？了解事情的真相固然重要，维护员工的和谐关系也很重要。不妨让这个客户作为两人共同的客户，共同维护，共同分享利益，让员工了解工作是配合完成的，不是互相争夺了抢占。

有人的地方就有是非，这是无法逃避的，任何一个组织，都要有一个人当好“消防员”。当有人情绪不稳，濒临发怒时，要学会打圆场，缓和紧绷的气氛。当有人闹场时，要镇定自如，询问事出原因，和相关人员谈话，让事态不再扩大。

前几年热播的电视剧《双面胶》《婚姻保卫战》等，都讨论了家庭伦理方面的问题，尤其是婆媳关系这个千古难题。一般做丈夫的最为难，就是双面胶，两面都不容易讨好。向着媳妇，妈不乐意，向着妈，媳妇不高兴。其实问题也不是很难处理，学会两边说好话，把两边往一起拉拢，慢慢地关系就有可能改善和好转。因为这个中间人，婆婆很在意，那是她的儿子，媳妇也很在意，那是她的丈夫，围绕着一个共同的目标“家和万事兴”，明白事理的人就会想通。企业也是一样的，同事之间，合作关系也好、竞争关系也好，目标是一致的，那就是把工作做好，让企业有效益。所以调解的时候，中间人要在两边都说好话，拉近彼此的关系，让他们意识到共同的利益所在，放下争执，共同努力。

第五部分

结　网

互联网

改变

世界

当今时代进入了互联网时代，企业的行政管理理所当然也被进入了“互联网 +”时代。与网络结缘的企业行政管理必将更加精准、快捷、高效，更出色地完成以服务为核心的各项职能。

第十六章 数字化的企业行政管理

对于企业行政管理来说，网络既是工具，也是工作思路的革新和演变。作为工具，网络使行政管理工作更高效，原来需要一两个小时的工作，利用互联网几分钟就可以完成。比如通知开会，原先需要逐人打电话通知，现在只需发个群消息或会议管理系统。尤其有了无线网络之后，工作方式发生了颠覆性的大变化。而仅仅把网络作为通信工具显然不够，网络时代的行政管理更要激发管理思路的变革。比如利用大数据，使行政管理决策更加科学和准确，实现精准化管理。互联网使个性化管理成为可能，丰富了行政管理的手段和模式。总之，企业行政管理要以开放的姿态迎接互联网时代的到来。

好制度也需好模式

企业行政管理的基本手段就是制定各种规章制度，通过制度建立企业的营运秩序。有的时候虽然没有明文规定，但也有一定的规矩，这些规矩是在长期工作中逐渐约定俗成的。能不能制定适合企业现实情况的规定，是行政管理有效性的第一步，然后就是贯彻和落实。有的时候，虽然有了明文规定，但由于这样那样的原因，制度成了一纸空文，流于形式，无法落实，或者执行效果不好。

好的规章制度关键在于落实，而落实的过程中，宣讲、督促、检查是少不了的环节，除此之外，影响规章制度落实效果的因素还很多。比如，被动的落实与启发员工自觉性两者之间差别很大，行政部门还可以组织有关活动，在潜移默化中强化制度的影响力，寓教于乐。可见，落实制度的模式，也就是落实制度的渠道和方式极为重要。同样的规章制度，落地方式不同，效果也不一样。

互联网的介入，为规章制度的落地提供了新的模式。例如，以往的各种规章制度都是打印好张贴在办公场所的墙上，互联网时代则有了更多的选择，可以制作成更加为员工喜闻乐见的宣示形式。还比如年终的评功评奖可以实现数字化筛选，指标更加清晰，可比性更强，更有说服力。办公物品以及生产资料的进出库可以实行数据化管理，工作效率更高，也不容易发生错漏。总而言之，所有的规章制度都可以实现互联网模式。

新时代：互联网＋行政管理

企业行政管理要迎互联网而上，主动改变，不要被动应对。行政部门要敢于运用最新技术改善管理模式，要在管理工作中乐于创新。以积极进取的心态拥抱互联网和与其相关的通信技术和媒体手段，引领企业其他部门的“互联网+”行动计划，使企业顺利进入“互联网+”时代。

企业行政管理如何向“互联网+”要效率，发挥新的通信技术手段的积极效力和助力，是新时代对于企业行政管理提出的新课题。行政部门需要研究网络时代企业的运营形态，研究新信息时代对于员工思想、心理以及工作习惯等方面的影响，探讨更加适合的工作方式，创新新模式。比如，原先的打卡考勤能不能改成指纹识别系统、查位查岗可以利用视频技术等。尤其是在人力和后勤管理中要建立数据库，实现准确的数字化管理模式。建立企业的数字化决策系统，为企业领导决策提供更加科学的决策依据。

例如，现代企业中人们对于CEO、CMO（首席营销官）、CXO（首席探索官）都已经熟知了，但对于CIO恐怕许多人说不清怎么回事。CIO是在“互联网+企业行政管理”之下诞生的新职位，是首席互联网官，是企业专门负责联网化管理的专设职位。网络化时代的企业，CIO将成为常设职位。当然，CIO的职责不仅仅针对行政管理，但其职位的产生是“互联网+企业行政管理”的结果。网络化企业，需要有人专门负责相关业务，以便更好地服务企业。未来的企业，网络会像水电一样成为必不可少的常规元素。首席互联网官的概念不仅仅是企业的组织编制问题，而是企业顺应网络化发展趋势设置的专门高级管理人员。

互联网压缩了管理者与被管理者的物理距离和管理时程，使管理者与管理对象即时实现零距离接触。以前的行政管理需要时间保证，需要面对面与被管理者接触和沟通，互联网时代则不需要，可以利用信息传输技术和新媒体技术，跨越时空进行交流，极大降低了管理成本，提高了管理效率。

互联网时代的企业行政管理有这样一些特点：无死角，利用与电脑连接的电子监管系统，实现立体全息的办公环境管理；实现全程 24 小时连续管理，极大增强安全性，降低事故发生率；低成本，不用跑来跑去花费时间精力，坐在办公室里即可实现管理，真正实现了运筹帷幄；全员参与，利用互联网技术可以很方便地实现全员参加的跨地域的行政管理。

瞬息万变中，指尖行政快人一步

企业的行政管理可以理解为管理信息的产生、输入和传递的过程，互联网和新媒体使这种信息传递极大提速，这就为行政管理时效性提供了保证。运用各种终端设备，利用互联网以及各种信息摄取传输技术来进行行政管理，我们可以形象地称之为指尖管理。行政管理的本质没有变，改变的仅仅是管理模式，管理效率更高了，效果更好了。

企业行政管理中，反应速度极其重要。反应速度慢，就会损失一些重要的管理信息；反应速度快，就能够全面收集信息，更准确做出判断。传统的行政管理工作中，管理人员需要从早跑到晚，穿梭在各部门之间。指尖行政管理则可以坐在办公室，利用互联网，在显示屏上实现管理。

指尖管理不但快速方便，而且信息传递更加真实准确，避免了人员传递信息中的主观性和信息损耗。高效的行政管理为产品研发、生产和销售提供了支持能量，使企业一线人员更加舒心，进而激发他们的创造积极性和工作热情，所以说企业行政管理的指尖管理建设是增强企业市场竞争力的重要部分。行政部门要积极主动寻求企业领导的支持，大力发展指尖化行政建设。

指尖化行政建设涉及两个方面，其一是相关的硬件设施建设，如视频材料以及布设等；其二是与之相配套的软件建设，如数据处理系统、人力管理系统、物品管理系统等。指尖化行政管理对于行政人员的专业水平和能力也提出了更高的要求，需要能够熟练掌握相关的知识，能够熟练操作相关设备，能够运用各种软件实施行政管理。

第十七章 变革才有希望

时代变了，企业的行政管理者不能做刻舟求剑者，必须跟随变化了的时代而变化。变革是发展的唯一道路，变不一定能有好结果，但不变则肯定没有好结果。变革是必需的，关键是如何变，也就是要掌控变革的方向，制定完善的策略。在商战中，有时候需要以静制动，以不变应万变，但对于互联网时代的企业行政管理而言，变革是必然，因循守旧的结果肯定不合时宜。企业行政管理变革的主体是企业领导层，但行政管理部门也要积极求变，行政人员都要有变革意识。世界都在进入工业4.0的智能化制造时代，所有的企业都在“互联网+”的浪潮中进入到网络化时代，企业行政管理不可能置身时代潮流之外。企业行政部门作为企业的重要职能部门，不但要积极变革，而且要走在企业变革的前列，成为企业网络化改造的推动力和探索者，变革才有希望。

创新是网络化的实质

不论是“互联网+企业行政管理”，还是行政管理的数字化改造，其精神实质其实就是创新，创新是目的，互联网只是工具，数字化是手段。传统的企业行政管理是“人管模式”，决策主观性强，工作效率低，结果不可控。随着企业的网络化改造，企业行政管理实现跨跃式发展也随之成为可能，具备了实现网络化管理的技术条件。

行政管理也需要创新驱动，在创新过程中激发工作激情，探索新路子。不论从企业行政管理的职能，还是从企业大环境而言，创新是现代企业行政管理的存在实质，是由不断创新，才能适应企业发展的需要，才能充分显现企业行政管理的服务价值，才能为企业的转型升级提供强有力的助力。

创新可以是全新的探索和尝试，也可以是在继承传统行政管理中对管理内容的拓展和服务形式的发展。行政管理的职能永远不会变，创新针对的是服务内容的创新和服务手段的创新，其目的是为了更好地为企业提供优质的后台保障，更大限度地激发和挖掘企业的一线战斗力。

依托于网络化的行政管理创新不是精神追求，而是要求实质效果，不能为创新而创新，而要使创新有明确的目的，要实现“1+1>2”的效果，追求“互联网+”传统行政管理的实际效果。

依托网络构建行政管理自动化

自动化是企业行政管理发展的大趋势，这一点毫无疑问。随着科技水平的不断提高，自动化程度会越来越高。目前的企业行政管理尚谈不上自动化，最多也就是初级自动化。所谓自动化，指机器人代替人力。

行政管理的四大职能中，像沟通协商这样的工作是机器人无法替代的，但像信息收集报告、监督检查以及各种服务保障职能则可以不断实现自动化改造。

互联网尤其是无线网络、新媒体技术、新通信技术等是行政管理自动化的物质基础和技术基础。如今的通信技术发展很快，无线网络已经普及，各种新媒体终端设备的进步日新月异，这就为企业行政管理自动化提供了可能。企业领导或许更关注产品生产的自动化改造，所以行政管理部门不要被动等待，要积极行动起来寻求企业领导支持，对行政管理实行自动化改造。

首先，要实现网络化的硬件改造，建立立体的终端设备，并通过互联网连接起来。其次，进行管理的数字化建设，主要是信息的收集、分析和应用，以及相关的软件处理系统。同时，紧跟时代前沿，引入各种自动化设备，如自动考勤机、自动清扫机器人、无人摄像飞机、自动售货机等与行政管理相关的硬件设备。对于一些急需的设备，可以寻找相关技术机构或厂商提供，有技术力量的企业也可以自己组织人员进行研发。

强化内部协作，构建立体伙伴关系

服务是企业行政管理的最根本职能，沟通协作则是必须依赖的工作内容或者是工作方式。在行政管理网络化建设中，不能忽视以人为主体的企业内部的各种关系网络建设。要利用互联网，强化与企业各部门的信息交换，利用新媒体新终端建立各种类型的群组联系。尤其要利用好智能手机的社交功能，使其为企业行政管理服务。从某种角度来讲，企业行政管理的效能发挥与企业内部的协作关系有很大关系，以企业发展战略为轴心，与企业各部门构建立体的工作协作关系非常重要。立体关系指的是各部门相互之间建立联系，行政部门要发挥信息中心的功能，发挥组织和协调的职能。

在“互联网+企业行政管理”的背景下，行政部门及行政人员需要改变思维方式，也就是要用网络化的思维来看待行政管理工作。

前微软亚太研发集团主席、百度总裁张亚勤认为：“互联网思维分为三个层级：层级一是数字化，互联网是工具，提高效率，降低成本；层级二是互联网化，利用互联网改变运营流程，电子商务，网络营销；层级三是用互联网改造传统行业、商业模式和价值观创新。”

联想集团执行委员会主席柳传志说：“从结果来解读，互联网思维与传统产业的对接，会改变传统的商业模式。大致会产生这么几个效应：长尾效应、免费效应、迭代效应和社交效应。互联网思维开放和互动的特性，将改变制造业的整个产业链。运用互联网思维，制造业链条上的研发、生产、物流、市场、销售、售后服务等环节都要顺势而变。”

人们从各个角度解释互联网思维的含义。对于互联网思维的含义当然可以解释得很具体、很深入，甚至可以以此为书名写无数本书。但有一点毋庸置疑，那就是互联网思维就是围绕互联网思考问题。对互联网的认识不同，那么对于互联网思维的理解也就不同。互联网之所以能够普及，是因其具有强大的适用性，能带来诸多便利，极大满足人们的需求。需求是产生价值的基础，需求强弱是衡量价值大小的量器。

互联网为行政管理提供高效率的工作渠道，而人际网络和企业组织网络则使行政管理更加顺畅。不论怎么讲，行政管理的主体永远是人，管理对象归根结底也是人。从这个意义上讲，网络化的实质是人际网络化，互联网以及其他设备都是为了使人际网络关系更加紧密和联系更加便捷。

“互联网+”的终极目标是智能化，实现企业彻底的“办公室化”，或者叫作“蓝领白领化”，使普通的企业员工高端化，使企业的生产过程机器化、五指化……任何对“互联网+”的粗浅理解都有可能使“互联网+”行动躯壳化，流于形式。强调行政管理的网络化、数字化、自动化，不能偏离企业行政管理的本质特征，否则就会犯形而上之错。

一直在路上

许多企业忽视或轻视企业的行政管理，尤其是中小企业，甚至没有专门的行政管理岗位和人员。一些大型企业的行政管理也处于低效能状态，管理方式老一套，完全跟不上企业的进化步伐，阻碍了企业的整体发展。

随着经济的不断发展，商业模式不断地革旧出新，企业形态一定会发生很大的变化，相应地，企业行政管理功能毫无疑问会越来越强化，行政部门的重要性会越来越显现。甚至于行政管理人才会像其他一些专门人才一样吃香抢手，企业行政管理成为一个专门的学问和职业类型。

目前的企业行政职业经理人是承上启下的一代，是变革的一代。目前国内的大部分企业都在转型升级，都处于“互联网+”行动中，企业的行政管理也必将迎来网络化改造的热潮。如何更好地发挥行政管理的职能，是所有行政人员应该思考的问题，更应该是企业领导关注的问题。

有谋略、有眼光的企业老板会越来越重视企业行政管理，因为他们十分明白企业行政管理对于企业发展的重要性，知道行政部门对于营造企业内部人文软环境和生产经营硬环境的重要作用。不论从理论上讲，还是从实践结果来看，不重视行政管理的企业都不会有大发展，甚至会逐渐被激烈的市场竞争所淘汰。凡是那些不重视行政部门，凡是那些行政管理混乱的企业，绝对吸引不来人才，也留不住人才，而缺少人才的企业肯定不会有强大的市场竞争力。

谁重视行政管理，谁就会抢先得利。时代呼唤高效率的企业行政管理，企业行政管理呼唤不断的革新。网络时代的企业行政管理要做好大变革的准备，新时代的企业行政管理改革一直在路上。

第十八章 降龙十八掌

所谓降龙十八掌，按照武林常识应该是前面十七掌的集成，所以本章的具体内容，也一定是前十七章的集成。我们深知，一个人的智慧往往是有限的，要么能够利用很短的时间去得到几十年的功力；要么拥有庞大的智囊团。在同样的时间内数量和质量上有更多的所得，才能让一个人有所成就。

站在巨人的肩膀上并不是一件很丢人的事情，中国古人用“不耻下问”与“积跬步以至千里”来诠释这样的道理。无论个人还是组织都要明白承前启后具有的深刻意义，在组织建设的连续性上有保持，就会让一个组织管理迭代提升。我们经常看见一些“超级职业经理人”，他们在短时间内做了很大变革，却最终不能为这个变革承担更多的后果。网上的《董事长致总经理的一封信》与《总经理致董事长的一封信》相互诟病，让我印象最深的就是总经理不能为自己主张实施的组织变革去“埋单”；而董事长则未认识到自己“事实不授权”导致总经理的愤然离职。

降龙十八掌，就是要承前启后。深刻认识组织的这片土壤，认知组织的实际情况，寻找最适合现阶段的优化方案。不去盲目追求一朝一夕就有很大的变化，要屏气凝神，用长跑的心态来看待组织发展与个人职业生涯的问题。一点点改变对于组织的激励是巨大的；变革失败打回原形，对于组织的伤害则是无穷的。降龙十八掌，就是要谦虚、清晰、连续地回顾从前，务实前行。

积跬步以至千里

究竟什么是好的行政管理？无论是在职业生涯发展上还是在企业管理本身上，这都是一个终极问题，甚至在面试高级行政管理者时也有这类问题被问及。

怎么回答都不对。设想一下，这个问题如果你说是后勤服务，会被诟病高度不够；如果你答曰服务领导，会被质疑职业价值观有问题；如果你讲到价值，会被直接感觉眼高手低，不够务实。

我自己开发了一门以演绎法为主的课，叫“行政超体”。噱头是，借着《超体》电影，说起脑容量开发与行政管理职能的发挥程度。从10%的行政管理开始讲起，在讲到快100%的行政管理开发的时候，我一般都会停顿下来，让学生们猜测一下100%是什么样的，众说纷纭。最后，我把全天的归纳与演绎用一张BSC（平衡计分卡）的体系展示出来时，学生们豁然开朗。

四个维度+一个中心。以“财务成本”“客户关系”“运营管控”“学习成长”为四个开发维度，再加上一个中心，就是“降本增效”。也就是财务定性、定量、立项、动态跟踪、统一标准；客户分三个层次，社会关系、公司价值主体、基本员工需求层；运营管控以 PDCA 循环 + MBO（管理者收购） + KPI（关键绩效指标）、绩效考核等为主；学习成长…

当我再去面试时，别人问我行政管理的作用或怎样理解时，我基本上会围绕一个中心来解释；问我如何管理行政管理部的时候，我基本上都会用四个维度结合案例来进行说明。基本上这样的面试都会让面试官耳目一新，充满了兴趣和期待。而事实上这些都是日常点滴的总结和积累才会有的体系化思维，所谓冰冻三尺非一日之寒。

值得一提的是，好的行政管理很重要的一点是“积跬步以至千里”。让过去的优势继续保持，过去的短板则利用整体组织能力的发挥而逐步弥补，而不是仅靠变革或依靠某个能力超强的人。一旦出现不能把新理念贯彻执行到位就离职的情况，就会造成企业的混乱。所以好的行政管理，要学会承前启后，人才梯队建设，为企业培养人才。每一个管理者都要培养自己的接班人，这样企业离开任何一个人，甚至缺失某项局部的机制，也能正常运转。

有制度、有流程、有预防、有追溯、文化健康、员工团结一致，整个企业管理是系统化的，整个组织是健康的、向上的。好的行政管理，就是资源最大化管理的实现。企业的人力、物力、财力，都能得到最大化的利用，是资源最优化的最好体现。

后 记

以终为始，厚积薄发
——写在全书最后

此书已完成，读罢，我们也共同开启了新征程。此书比较适合随手翻到哪里就看到哪里，自然洒脱。

《还行》是小钟的第一本书，但却不是最后一本。按照我的个性，会把打算做的事情提前说出来。幸亏这些年基本上能说到做到，所以我的朋友很婉转地说这是一种守信用的高调。实际上翻译成白话就是既能嘚瑟又肯吃苦去努力实现（高瞻远瞩、脚踏实地，亲，请别有大海的感觉）。

所以，仰仗于“天使投资人”及“信任者”的支持，以我为主又相继策划了众筹某项专业管理领域的书籍和商业管理工具的书籍。不同的是，这几本书无论是形式还是内容都极具创新，值得期待（就不再剧透了，随着年龄增长说话也逐步有了度）。以至于每次我提及此策划时，都夜不能寐，也终于体会到“叫醒你的是梦想不是闹铃”这句话的深刻含义。

某天早上，老爸对我说了句话，他说特别支持我变成 Slash（网络新词，指年轻人选择一种能够拥有多变职业和身份的多元生活）。这句话，让我受宠若惊，久久不能平静。你能想象像我父亲这样一位来自东北的朴实老百姓，一位把他职业生涯都投入在事业单位的普通员工，能讲出 Slash 这词儿的背后有多大的信息量吗？我脑海里下意识回荡起我从国企中层的岗位离职，老两口从东北直飞上海的情景。钟摆转到今天，他与我的母亲投奔到在大上海打拼的独生子这里，也仅仅三年不到。而他们老两口的整个心态和知识结构，乃至于思维逻辑都在发生质的变化。所以，你知道环境对一个人的影响有多大了吧？当然，我老爸也有自己的追求和理想，值得尊重。我相信他一定会实现，希望我能够帮助到他。

我在“还行 Admin +”公众号中，写了篇《在路上是一种什么体验》。借此，感谢长久以来支持我的亲朋好友。在路上时，我更加感激大家的信任和帮助。这样的动力，让我去做成一件件的实在事儿。

最后，以一句话结束全书——以终为始，厚积薄发。

杨小钟

2016 年盛夏

杨小钟推荐阅读

《中国大历史》黄仁宇

《你一定爱读的极简世界史》［英］艾玛·玛丽奥特（Emma Marriott）

《组织协同》卡普兰，诺顿

《中国国家地理》期刊

《商业模式新生代》［瑞士］亚历山大·奥斯特瓦德（Alexander Osterwalder）［比利时］伊夫·皮尼厄（Yves Pigneur）

《创业时，我们在知乎聊什么》知乎网

《金钱有术》知乎网

《正义女神不睁眼》知乎网

《商业评论》/《商学院》商业期刊

《呻吟语》吕坤

《公共行政理论》竺乾威

《中国茶密码》罗军

《罗马人的故事》［日］盐野七生

《优势识别器 2.0》［美］汤姆·拉思（Tom Rath）

《物演通论》子非鱼（王东岳）